SOYEZ PLEINEMENT VOUS-MÊME

En libérant la
puissance de tout
ce que vous
êtes vraiment

JOËL MALM

MGPRESS

SOYEZ PLEINEMENT VOUS-MÊME

En libérant la puissance de tout
ce que vous êtes vraiment

Par

Joël Malm

Traduction en français de **Catherine Gotte Avdjian**

SOYEZ PLEINEMENT VOUS-MÊME:
EN LIBÉRANT LA PUISSANCE DE TOUT CE QUE VOUS ÊTES VRAIMENT

ISBN: 978-0-9985085-5-9

Couverture conçue par Five J's Design

Titre original: Fully You: Unlocking the Power of All You Really Are

Publié aux États-Unis par MG Press

REMERCIEMENTS

Ce livre n'aurait pas été possible sans l'apport et les recherches de David F. Allen, MD. Une grande partie de ce qui est partagé dans ce livre est basée sur son travail.

DÉDICACE

A Emily et Elise,
Vous êtes les surprises les plus inattendues de ma vie.

TABLE DES MATIÈRES

CHAPITRE 1
CACHER QUI VOUS ÊTES VRAIMENT | 11

CHAPITRE 2
LE TRIANGLE DE LA SOUFFRANCE | 27

CHAPITRE 3
LE DON DE LA COLÈRE | 51

CHAPITRE 4
**INTERPRÉTATIONS, DISCUSSIONS ET VOTRE FAMILLE
(OU COMMENT VOUS EN ÊTES ARRIVÉ LÀ ?)** | 81

CHAPITRE 5
L'ART DE LA GUERRE | 107

CHAPITRE 6
LA PUISSANCE DU PARDON | 135

CHAPITRE 7
LA FORCE DANS LA SOLITUDE | 159

CHAPITRE 8
LA VIE EN COMMUNAUTÉ | 189

Notes | *219*

CHAPITRE 1

CACHER QUI VOUS ÊTES VRAIMENT

La plupart des hommes mènent une vie de désespoir tranquille...

— HENRY DAVID THOREAU

NOUS VIVONS NOTRE VIE, BLESSÉS.

La plupart d'entre nous vivons notre vie sans ressentir que nous sommes blessés. Ce que nous ressentons, sont les effets de cette blessure : insécurité, solitude, ressentiment et frustration.

Nous voulons vivre la vie à pleines dents, être fidèles à ce que nous sommes vraiment, donner et recevoir l'amour. Mais trop souvent, nous n'y arrivons pas. Nous avons juste assez, en termes d'espoir, pour continuer d'avancer. Nous lisons des livres de développement personnel, assistons à des séminaires, écoutons des sermons, prions et essayons de nous accrocher, croyant que si nous essayons juste un petit peu plus, nous atteindrons la vie abondante qui, nous le savons, existe réellement. Mais il semble qu'elle soit hors de notre portée et nous restons seuls avec nos questions.

Est-ce que je fais mon maximum ?

La triste vérité, c'est que la plupart d'entre nous baissons les bras à ce stade. Nous en avons assez d'essayer de toutes nos forces et nous nous contentons désormais de « faire avec ». Nous acceptons une vie qui est bien loin de celle que Dieu a en réserve pour nous. Et tout cela parce que nous avons cru un mensonge. Une série de mensonges, en fait. Des mensonges qu'on nous a racontés depuis notre plus jeune âge. Et sur la base de ces mensonges, nous avons involontairement développé un faux moi, une personne que notre Créateur n'a jamais voulu que nous soyons. Ce faux moi nous convainc de nous cacher derrière un masque, de ne jamais nous montrer vulnérables, de jouer la carte de la sécurité et de paraître la personne qui plaira aux autres. Nous jouons vraiment bien ce rôle. On s'y sent à l'aise, on s'y habitue. Mais ce jeu peut devenir épuisant. Il nous empêche d'être la personne que nous pouvons vraiment être.

Je connais ce jeu épuisant, car j'ai passé de nombreuses années à vivre ainsi. Selon mon degré de performance, tantôt je m'aimais, tantôt je me détestais. Je savais exactement quoi dire pour impressionner les gens. J'ai travaillé dur pour créer l'image de quelqu'un d'invincible, mais j'étais une personne insécurisée et hypersensible à la critique. J'essayais d'être parfait pour que personne ne vienne me contrarier en voulant me reprendre. J'étais le roi du contrôle. Mais qu'y avait-il juste en dessous de la surface ?

J'étais en proie à la dépression et à la colère.

Malgré tout, j'ai pu accomplir pas mal de choses. J'ai obtenu un diplôme universitaire. J'ai travaillé pour une compagnie *Fortune 500*. J'ai même réussi à créer une association de randonnée qui emmène des gens du monde entier dans des aventures en pleine nature. Mon livre *Vision Map*, raconte comment celle-ci a démarré et nous enseigne comment poursuivre les rêves qui sont dans notre cœur.

Mais le livre que vous avez entre les mains, parle de ce qui se passe ensuite.

Parce que c'est là que les choses se compliquent.

Vous avez obtenu ce que vous vouliez. Grâce à Dieu, votre rêve est devenu réalité : vous avez gagné le cœur du gars (ou de la fille) qui vous plaisait, vous avez lancé une affaire, vous avez le bébé, vous avez décroché votre premier poste dans le ministère, vous avez gagné votre premier million… Mais ensuite, vous vous rendez compte que tout ça, ce n'était pas la partie la plus difficile. La plus difficile, c'est celle qui consiste à garder l'acquis. Parce que vous n'avez pas changé ; toute votre anxiété, les problèmes liés à l'image que vous avez de vous-même, votre insécurité, votre perfectionnisme et votre colère, tout ce bazar que vous avez voulu ignorer, menacent de bousiller ces choses précises pour lesquelles vous avez travaillé si dur pour les obtenir.

Regardez autour de vous et vous verrez beaucoup de gens saboter la chose même qu'ils avaient tant désirée. Votre sœur a épousé un homme formidable et a élevé de beaux enfants, mais vers le milieu de la trentaine, elle a été obsédée par l'image de son corps et a abandonné sa famille pour un entraîneur personnel de vingt-deux ans.

Votre pasteur était un leader et un enseignant de la Bible incroyable, mais il a été contraint de démissionner lorsque sa dépendance à la pornographie a été mise au grand jour. Votre colocataire de fac a épousé une femme extra, mais l'a perdue parce qu'il avait des problèmes de colère. Le type du bas de la rue se faisait un paquet de tunes, mais il a tout perdu aux jeux et on a même saisi sa maison. Si vous êtes honnête, vous reconnaitrez que tout ça pourrait aussi vous arriver. Dans vos moments de lucidité et d'authenticité, vous savez que vous devez réagir et faire face aux problèmes avec lesquels vous vous débattez.

Mais ... bon ... *tout le monde* a des problèmes. Alors, vous continuez de les mettre de côté, de les ignorer et d'espérer qu'ils se résoudront tout seuls. Et ceci, en vivant dans la peur de perdre vos acquis et en travaillant plus dur encore pour essayer de les garder. Ou alors, vous vous retrouvez le bec dans l'eau et vous vous demandez : « Mais comment ça se fait que ça m'arrive encore ? »

Les problèmes ne disparaissent pas comme ça.

Ignorer nos problèmes ne va pas les résoudre. Nous pouvons obtenir tout ce que nous voulons, mais si nous ne traitons pas nos problèmes de fond, nous pouvons facilement perdre l'acquis de notre travail pour lequel nous avons tant peiné. Ou pire encore, nous pourrions vivre toute notre vie dans la peur et l'anxiété, ce qui est bien en deçà de ce que Dieu veut pour nous.

Nous devons faire face à nos problèmes.

J'avais une longue liste de problèmes à régler, mais sur une période d'un an, alors que je voyageais sac à dos à travers le monde, en partant des jungles d'Amérique centrale jusqu'au camp de base du Mont Everest, les choses ont commencé à changer. Ces problèmes ne se sont pas volatilisés du jour au lendemain. Parfois, je bataille encore avec certains. Mais je me suis embarqué dans un voyage qui m'a conduit à travers une série de vérités profondes qui ont bouleversé toute ma vie. Grâce à elles, j'ai pu obtenir une maîtrise en relation d'aide. Je désirais aider les autres à trouver la liberté que j'avais moi-même trouvée.

Mais après avoir obtenu ce diplôme, je me suis lancé dans un autre projet. En fait, la relation d'aide, c'est pas mon truc. Je n'aime pas me vautrer dans le passé. J'aime l'action. J'aime le mouvement qui me pousse à aller de l'avant. Donc, j'ai commencé à faire du coaching de développement personnel pour aider les gens à atteindre le maximum de leur potentiel. Oublions le passé, avançons !

Et puis, j'ai découvert ce dont je viens de vous parler.

La plupart d'entre nous avons une idée grosso modo du but que nous désirons atteindre, mais nous avons des barrières mentales, des croyances erronées et un dysfonctionnement général qui nous empêchent d'avancer. Alors, d'où viennent ces problèmes ?

Leurs origines sont multiples. Nous avons hérité de certaines croyances et de certains modèles de nos parents, d'enseignants et de pasteurs qui nous ont dit ce que nous devrions croire sur nous-mêmes, tout cela basé sur ce que eux, croyaient sur eux-mêmes. Nous n'avions aucune raison de remettre en question ces croyances, alors nous les avons faites nôtres. D'autres croyances sont venues s'ajouter, générées par les hauts et les bas que nous avons connus tout au long de notre route. La vie a suivi son cours, nous avons eu notre diplôme, nous avons eu des enfants, nous avons obtenu le job de nos rêves, mais pendant tout ce temps, des choses se passaient dans notre for intérieur. Et un beau jour, nous avons commencé à ressentir les symptômes de nos blessures.

Nous fondons en larmes au travail. Ou nous cherchons de plus en plus fréquemment à nous défouler en voiture pour évacuer la pression qui monte au fond de nous. Si nous ne nous retrouvons pas finalement sur le canapé d'un conseiller, alors nous tournons en rond en nous plaignant sans cesse.

Trop de gens se contentent de ce genre de vie, et c'est tragique, parce qu'il y a beaucoup plus en réserve pour eux : une vie incroyable, remplie d'amour, de joie et de paix. Ne perdez pas votre temps à tourner en sous régime. Trop d'aventures vous attendent pour que vous passiez à côté d'elles à cause du qu'en dira-t-on. Vous avez des gens qui vous aiment et vous admirent. Vous avez tant à donner à ce monde et vous n'avez pas de temps à perdre en restant en deçà de qui vous êtes vraiment : le monde a besoin de vos dons et de vos capacités qui sont uniques.

Donc, ce livre est une invitation à aller de l'avant, à reconnaître les conséquences néfastes de ces mensonges auxquels nous avons crus. Pour ce faire, il va falloir regarder en arrière et discerner à quel moment le train a commencé à dérailler. Mais ne vous inquiétez pas. Nous ne resterons pas à ce stade très longtemps. Je vais vous montrer un plan de bataille très particulier pour faire front à la mauvaise programmation qui vous limite.

Ce plan de bataille est basé sur les vérités puissantes que j'ai apprises lors de mon voyage en Asie et que j'apprends toujours car elles nous sont révélées par couches successives. Mais j'écris dans l'espoir que, au fur et à mesure que vous les apprendrez, vous libèrerez tout ce que Dieu a placé en vous et deviendrez la personne que vous pouvez être selon lui.

SOIS TOI-MÊME

J'ai commencé à conduire des expéditions sac à dos de quatre mois, dans le monde entier, une fois sorti de la fac. Comme je ne savais pas comment m'y prendre, j'ai copié un programme que j'aimais beaucoup. Lors de mon premier voyage, j'étais déjà au bout du rouleau dès la fin du premier mois. Je détestais ce que j'avais mis en place. Cela ne correspondait pas à ma personnalité. Mon sentiment d'insécurité a explosé et j'ai commencé à me demander si j'étais la bonne personne pour ce job. J'étais sûr que j'allais tout gâcher.

Quelques semaines après le début du voyage, nous avons fait une randonnée de cinq jours dans les montagnes à l'ouest du Guatemala, emmenant avec nous le film *Jésus* dans des villages autochtones reculés. Un bon ami à moi faisait partie de l'équipée et savait que j'étais découragé. À un moment donné, sur la piste, il s'est tourné vers moi et m'a dit : « Joël, tu sais que je fais ce voyage parce que je crois en toi. Alors, sois toi-même. C'est cette personne que nous aimons. »

Je me souviens d'avoir pensé : « *Pff...* Je ne peux pas juste être moi. Etre moi me cause toujours des ennuis. Personne n'aime la personne que je suis vraiment. »

Je me suis alors rappelé d'une anecdote quand j'étais au CM1 au Texas. Je fréquentais une école religieuse stricte dirigée par un homme barbu, à l'air sévère, qui s'appelait M. Darby. Il semblait déterminé à nous faire comprendre clairement, à nous les petits élèves de primaire, que la vie était une affaire sérieuse, remplie d'obligations et de devoirs et qui comportait un minimum de joie. Je suis pratiquement sûr de n'avoir jamais vu cet homme sourire.

Chaque mardi et jeudi, les élèves de la classe se mettaient en rang et se dirigeaient vers la salle contigüe pour la répétition de la chorale. Deux fois par an, nous nous produisions lors du culte du dimanche matin dans l'église qui parrainait l'école. Nous étions tous tenus d'y assister. Mais ça me posait problème étant donné que mon père était pasteur dans une église située à l'autre bout de la ville. (Oui, je suis un « fils de pasteur ». Cela explique beaucoup, je sais !) Le dimanche du concert, mes parents m'ont dit qu'ils étaient trop occupés par leurs obligations à l'église pour m'emmener au concert de la chorale. Mon cœur se serra. Je savais que M. Darby allait me faire payer mon absence.

Le lendemain, juste après le déjeuner, M. Darby a annoncé que nous allions annuler les cours pour célébrer le succès qu'avait rencontré le concert de la chorale. De grands sourires illuminaient le visage des uns et des autres. Il nous a demandé de nous mettre en rang. Je me suis mis dans le rang, étonné de n'avoir pas été réprimandé pour avoir raté l'audition. Mais juste au moment où nous allions sortir de la pièce, Darby a appelé mon nom.

« Joël, tu ne participeras pas à la fête puisque tu as choisi de ne pas apporter ta contribution hier. Nous ne pouvons pas récompenser quelqu'un qui n'a pas participé. » Il pointa de son doigt mon bureau. Devant toute la classe, je baissai la tête et me dirigeai vers mon bureau. Pendant l'heure qui suivit, je restai assis en écoutant la fête qui battait son plein à côté.

Alors que j'étais assis là, j'en conclus qu'il y avait quelque chose qui ne devait pas tourner rond dans ma famille et, par extension, avec moi. Nous n'étions pas normaux. Tous ces autres enfants avaient pu participer au concert. Leurs parents les avaient amenés là où ils étaient censés être.

Mais pas moi. Ma famille était bizarre. J'avais été humilié parce que nous étions différents... et parce que quelque chose ne tournait pas rond avec moi.

C'est bon, vous pouvez essuyer les larmes de vos yeux, je vais bien maintenant. Pas de souci. Mais, je ne crois pas me tromper en disant que vous avez probablement vécu une expérience similaire à la mienne.

En lisant cette anecdote, un souvenir vous est-il remonté à la mémoire ? Vous êtes-vous souvenu du moment, quand vous étiez jeune, où vous avez commencé à croire que quelque chose n'allait pas bien avec vous ou dans votre famille ? A ce jour, je n'ai pas rencontré une seule personne qui, en réfléchissant un peu, ne se souvienne pas d'une expérience similaire. Ce genre d'expériences laisse une marque. Réfléchissez quelques instants et d'autres souvenirs de ce type vont vous revenir à l'esprit. Ces souvenirs vous envoient des messages en permanence comme un refrain qui revient sans cesse et façonnent en vous ce que vous croyez sur vous et le monde qui vous entoure. Vous avez juste à appuyer sur le bon bouton, et le refrain revient.

On m'a rapporté l'histoire d'une dame qui, un jour, est passée devant un magnifique perroquet dans une animalerie. Le perroquet a crié : « Coucou Madame ! » La femme s'est retournée et a souri au perroquet. Le perroquet a dit alors : « Madame, tu es laide ! »

Furieuse, la femme a pris d'assaut le comptoir et s'est plainte au propriétaire, qui s'est excusé et a promis que cela ne se reproduirait plus.

Le magasinier a attrapé le perroquet et l'a sorti de sa cage par le cou. Les plumes volaient. Il menaça l'oiseau : « Si jamais tu dis encore une fois à cette dame qu'elle est laide, je te tords le cou. » Le perroquet était traumatisé.

Quelques jours plus tard, cette même dame est entrée à nouveau dans le magasin. Elle a regardé de travers le perroquet. Il a détourné la tête puis l'a baissée. Quand la dame s'est approchée, le perroquet a murmuré : « Coucou Madame ! »

Elle s'est retournée. « Quoi encore ? »

Le perroquet dit en grimaçant : « Tu sais bien… »

Nous avons tous notre propre petit perroquet qui, de sa voix agaçante et criarde, nous dit des choses comme :

« Tu ne seras jamais assez bon. »

« Si les gens te connaissaient vraiment, ils prendraient leurs jambes à leur cou. »

« Tu n'es pas digne d'être aimé. »

« Tu es bon à rien. »

« Quelque chose tourne pas rond dans ta famille. »

« Tu es une erreur et tu n'as aucun droit légitime d'être à la place que tu tiens. »

« Comment te jugerait-on si tu disais aux gens ce que tu penses vraiment ? »

« Tu n'as pas le droit d'aider les autres quand toi-même, tu ne tiens pas la route. »

Nous avons entendu ces messages tant de fois qu'il n'est même pas nécessaire de les mentionner. Un regard de travers, un commentaire désinvolte, une erreur que nous faisons, et le perroquet dans notre tête dit : « Tu sais bien... »

Ces commentaires qu'on a faits sur vous, sont peut-être venus d'un ami ou d'un membre de votre famille, ou bien cette voix peut être votre interprétation personnelle des atouts que la vie vous a donnés. Mais de toute façon la voix est toujours là.

Cette voix, c'est la honte.

Nous savons ce que c'est que de faire quelque chose de mal et de le regretter. Cela s'appelle la culpabilité. La culpabilité dit : « tu as fait quelque chose de mal. » Mais la honte est plus profonde. Pire. La honte dit : « Il y a quelque chose qui ne va pas chez toi. »

Effectivement, quelque chose *ne va pas* chez nous. Nous avons tous le même problème — à l'exception de Jésus — il s'agit du péché. Mais Jésus est venu et a vaincu la puissance du péché. Ainsi, cette voix de la honte ne devrait plus avoir de pouvoir sur nous, car « si quelqu'un est en Christ, il appartient à une nouvelle création. »[1] Si vous avez reçu le don du salut de Dieu, il y a une nouvelle personne — celle qui correspond à votre véritable identité — au fond de vous-même. Si vous voulez devenir pleinement qui vous êtes vraiment, reconnaitre cette vérité est primordial. Quand nous nous abandonnons à Dieu, nous obtenons une nouvelle identité.

> *Dieu dit que nous sommes de nouvelles créatures en Christ, mais nous devons désapprendre tout ce que nous avons emmagasiné notre vie durant.*

Le problème réside dans le fait que nous avons passé toute notre vie à apprendre à nous protéger et à nous cacher de la honte. Dieu dit que nous sommes de nouvelles créatures en Christ, mais nous devons désapprendre tout ce que nous avons emmagasiné notre vie durant. C'est là, le sujet de ce livre. Désapprendre l'ancienne voie et embrasser qui vous êtes vraiment, maintenant, en Christ.

Voyons donc qui vous êtes selon Dieu et qui vous n'êtes pas. Parce que votre peur, votre sentiment d'insécurité, votre colère, vos limites mentales, vos mauvaises habitudes et vos mécanismes de défense ne font plus partie de votre véritable identité. Vous pouvez arrêter de vous accrocher à eux maintenant. Il est temps d'échanger ce faux moi contre votre nouvelle identité enracinée dans le courage, l'amour, la joie, la paix, la discipline et la vérité.

Si vous êtes prêt à commencer le voyage pour devenir tout ce que Dieu dit que vous êtes vraiment, alors tournez la page et rejoignez-moi dans une aventure qui commence dans les régions les plus sauvages de l'Asie.

CHAPITRE 2

LE TRIANGLE DE LA SOUFFRANCE

Honte, partez, vous êtes un ennemi pour mon âme.

– JOHN BUNYAN

Nous nous sommes rendu compte que nous avions pris le mauvais train à ce premier indice : la jeune chinoise en uniforme bleu — qui revenait tout juste du pressing — poinçonnait notre ticket en nous regardant d'un drôle d'air. Elle ne parlait pas anglais, et même si elle souriait, elle semblait interloquée d'avoir des étrangers dans son train.

Alors que nous roulions à la périphérie de Shenzhen, en Chine, un des membres de mon équipe s'est penché vers moi. « Es-tu sûr que nous sommes dans le bon train, Joël ? »

J'ai regardé ma petite équipe. Nous allions voyager ensemble les quatre prochains mois, nous allions traverser la Chine de l'extrême sud, jusqu'au nord, à la frontière avec la Mongolie, pour finalement arriver au Mont Everest qui se situe au Tibet. Nous avions passé les premiers jours de notre voyage à Hong Kong, en faisant passer en contrebande des Bibles parce que le gouvernement communiste interdisait la Bible en Chine. Nous nous dirigions vers le nord pour la prochaine étape de notre voyage. Mais je devais admettre...

Il semblait que nous avions commis une énorme gourde.

Nos billets indiquaient en anglais que nous allions à Pékin. Mais il semblait qu'il y avait un hic. Aucun étranger ne voyageait dans ce train. J'ai donc décidé de me renseigner. Sûrement, je pourrais trouver un autre groupe de routards avec qui je serais en mesure de communiquer. Je traversais les wagons, l'un après l'autre qui empestaient la fumée de cigarette, mais je ne trouvais personne susceptible de m'aider.

Quand j'ai atteint le wagon restaurant, une jeune fille a apparemment réalisé qu'elle avait une chance de pratiquer son anglais et elle est venue me parler. Quand je lui ai montré mes billets, elle a écarquillé les yeux. La bonne nouvelle ? Nous allions bien en direction de Pékin. La mauvaise nouvelle ? Apparemment, deux trains étaient partis pour Pékin au même moment. L'un était le train K, l'autre le train T. Le train T était le train express que les touristes prennent en général. Mon équipe et moi avions pris le train K — le train lent — réservé aux locaux. Ce train s'est arrêté dans chaque petit village entre Hong Kong et Pékin. Ce qui devait être un voyage de vingt heures allait nous prendre près de deux jours !

Je suis retourné vers l'équipe et je l'ai informée de la nouvelle. Il y a eu un grognement collectif, mais après nous être résignés à un long voyage, chacun s'est installé dans son petit coin et nous nous sommes préparés pour l'aventure qui nous attendait.

En regardant en arrière, je suis reconnaissant d'être monté dans le mauvais train. Car ce train qui roulait vers Pékin m'a forcé de ralentir le pas, ce que je n'avais pas fait depuis des années. Quand j'étais à l'université, je travaillais quarante heures par semaine et j'avais entre quinze et vingt et une heures de cours. Je jouais dans deux groupes de musique différents. Je m'occupais de mon grand-père, qui vivait à une heure de route de chez moi. Je suis même sorti avec une fille pendant un moment.

Dès que j'ai obtenu mon diplôme, j'ai commencé à diriger des équipes qui partaient en expédition aux quatre coins du globe. Nous avons commencé en Amérique centrale. Maintenant nous étions en Asie. J'aimais bouger et je remplissais à fond mon emploi du temps… 24 heures sur 24, 7 jours sur 7… jusqu'à ce voyage en train.

Ceci soulève un point très important par lequel je commencerai. Si vous voulez vraiment apporter des changements dans votre vie, vous devrez à un moment donné ralentir le pas. Vous devrez dégager de l'espace pour évaluer votre vie. Cela ne se produira probablement pas tout seul. Les soucis de la vie vous tiendront toujours occupés. Vous devrez prendre le temps qu'il faut. Nous en reparlerons plus tard dans le livre. Mais pour l'instant, sachez que si rien ne change, rien ne change. Pour apporter un changement durable, vous devez être prêt à ralentir le pas, prendre du recul et regarder autour de vous.

Si rien ne change, rien ne change

Mon changement a commencé à s'opérer pendant ce voyage qui n'en finissait pas. C'est sur ce trajet que j'ai rencontré le Dr David Allen. Ou du moins, c'est comme si je l'avais fait en lisant son livre. Quelques semaines plus tôt, un ami m'avait suggéré de lire l'un de ses livres. [1] Le feed-back de mon ami sur ce livre était tellement intriguant que je l'ai commandé sur Amazon et qu'il est arrivé juste avant notre départ pour l'Asie.

Je l'ai lu pendant le trajet en train d'une traite.

Le Dr Allen a commencé par expliquer que chaque être humain est né avec trois besoins psychologiques fondamentaux : sécurité, relation et autonomie.

Nous avons tous besoin de nous sentir en sécurité. Nous sommes nés totalement vulnérables et nous recherchons la protection auprès de nos parents ou d'autres adultes. Ce besoin ne disparaît jamais. Tout au long de notre vie, nous faisons tout notre possible pour assurer notre sécurité et celle de notre famille.

Nous avons tous besoin d'être en relation avec les autres. Nous avons besoin de l'affection et de l'estime des gens qui nous entourent. Nous voulons nous sentir valorisés et acceptés. Au fur et à mesure que nous grandissons, ce besoin ne disparaît pas. A bien des égards, plus nous gagnons en maturité émotionnelle, plus nous avons besoin d'être en relation avec les autres.

Nous avons tous besoin d'autonomie. Nous avons besoin de sentir que nous avons quelque chose à dire sur notre vie, une liberté de manœuvre. Nous voulons exercer notre volonté, sentir que nous pouvons faire nos propres choix.

Ces trois besoins créent un « triangle de besoins » comme nous le voyons ci-dessous.

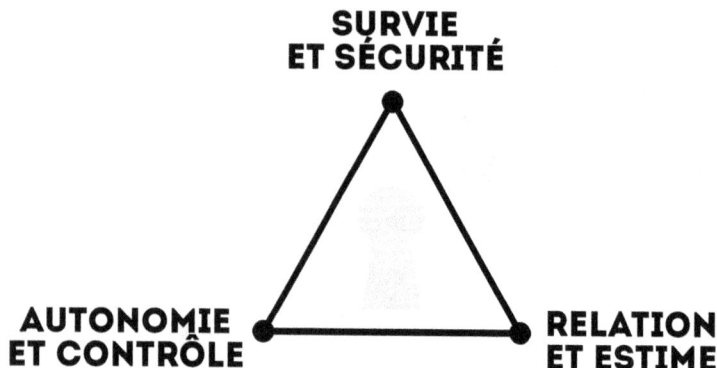

Dans le jardin d'Eden, nous avions tout cela et plus encore. Dieu avait donné à Adam et Eve tout ce dont ils avaient besoin. Ils vivaient en toute sécurité dans un monde sans péché. Ils bénéficiaient d'une relation parfaite avec Dieu. A tel point que Dieu venait à leur rencontre et marchait avec eux le soir venu. Dieu les avait responsabilisés et leur avait donné une totale liberté pour faire leurs propres choix. C'est ce qu'ils ont fait. « L'homme et sa femme étaient tous deux nus sans en éprouver aucune honte. » ²

Rien à cacher, rien à craindre. Pas de honte.

Au moment où Adam et Eve ont choisi le péché, les choses ont commencé à se gâter : « Les yeux de tous deux s'ouvrirent et ils se rendirent compte qu'ils étaient nus; alors ils ont cousu des feuilles de figuier ensemble et se sont faits des couvertures. » La honte a fait son entrée et ils se sont immédiatement sentis vulnérables et plein de crainte. Alors ils se sont cachés.

Et depuis, nous ne cessons de nous cacher. Nous essayons d'étouffer cette voix innée qui nous dit que nous ne sommes pas ce que nous devrions être. Les philosophes l'appellent la *culpabilité existentielle*. Les théologiens l'appellent le *péché originel*. Quelle que soit la façon dont vous l'appelez, ce sentiment nous affecte tous. C'est la voix du perroquet. C'est la honte. C'est un sentiment de vulnérabilité qui nous donne envie de nous cacher.

Une fois que les yeux d'Adam et Eve se sont ouverts, le Seigneur a cherché Adam et l'a appelé : « Où es-tu ? »

Adam a répondu en admettant qu'il avait honte. « J'ai entendu ta voix dans le jardin et j'ai eu peur, car je suis nu ; alors je me suis caché. »[3] Brené Brown a passé des années à étudier la honte. Dans une enquête, elle a demandé aux participants de décrire à quoi ressemblait la vulnérabilité. Le mot utilisé par la plupart des participants était « *nu.* »[4] La honte ressemble à la nudité. Elle nous donne envie de nous cacher.

La honte nait de bien des situations. Elle peut surgir après avoir été victime d'abus, lors d'un divorce, à cause de vos propres addictions ou des addictions de personnes qui vous entourent, à cause de difformités physiques, d'un poids excessif, du lieu où vous avez grandi et de vos antécédents familiaux. Et ce n'est que le début d'une longue liste. Si vous voulez cacher ce problème ou le garder secret, c'est probablement à cause de la honte que vous éprouvez. Une jeune femme m'a dit un jour combien elle avait honte que ses parents soient entrés de façon illégale aux États-Unis. Elle a toujours essayé de cacher son héritage. Elle a refusé d'apprendre la langue maternelle de ses parents, espérant éliminer les sentiments de honte liés à son arrière-plan familial.

Je ressens de la honte et un sentiment d'insécurité chaque fois que je rentre dans un magasin de pièces détachées et que je ne sais pas à quoi ressemble la pièce dont j'ai besoin. Je suis certain que les gars derrière le comptoir se moquent de moi et me considèrent comme un col blanc qui s'imagine pouvoir réparer des voitures. Et ceci s'applique aussi dans le sens inverse. Un de mes amis qui porte un bleu de travail au boulot (et qui est l'une des personnes les plus intelligentes que je connaisse) m'a dit qu'il se méfiait des cols blancs : «

Eux, ils se font du fric grâce à leur tête. Moi, je dois me salir les mains pour gagner ma croute. »

Les femmes ressentent de la honte et de l'insécurité à l'égard d'autres femmes qui semblent tout savoir et tout gérer parfaitement tout le temps.

Nous connaissons tous ce sentiment de honte.

Quand l'un de nos trois besoins fondamentaux n'est pas comblé, nous ressentons la honte dans trois domaines spécifiques. Lorsque nous ne nous sentons pas en sécurité, nous ressentons la honte en termes d'abandon. Lorsque nous n'arrivons pas à entrer en relation avec les autres, nous sommes en proie au rejet. Lorsque nous ne sommes pas encouragés dans notre potentiel, nous sommes en proie à l'humiliation. C'est ce qu'on appelle le *Triangle Blessé*. Et cela affecte notre vie de différentes manières sans que nous le réalisions toujours.

**SURVIE
ET SÉCURITÉ**
ABANDON

**AUTONOMIE
ET CONTRÔLE**
HUMILIATION

**RELATION
ET ESTIME**
REJET

OÙ LA DOULEUR COMMENCE VRAIMENT

L'une des randonnées les plus populaires que j'encadre est une randonnée de quatre jours à travers les Andes, au sud du Pérou. Le quatrième jour, nous entrons dans l'ancienne forteresse inca du Machu Picchu, l'une des sept merveilles du monde.

J'ai fait la randonnée à plusieurs reprises et c'est très dur, mais je sais comment me préparer. Je rencontre rarement de problèmes. Mais l'année dernière, à mi-chemin, j'ai commencé à avoir des douleurs aiguës au genou droit. Je me suis tout de suite inquiété. Je craignais que peut-être, après des années de randonnée, j'avais endommagé gravement mon genou. Ma carrière de randonneur allait-elle prendre fin ?

J'ai été jusqu'au bout de la randonnée malgré la douleur. J'espérais que celle-ci disparaîtrait une fois que je me serais posé et reposé, mais elle a persisté même après mon retour. Monter ou descendre devenait insupportable. Alors que je rendais visite à ma famille, j'ai parlé de cette douleur au genou à ma belle-sœur qui est kiné. Elle m'a posé quelques questions : « Où ça fait mal exactement ? » J'ai indiqué l'endroit: « Là, juste en dessous de la rotule. »

Elle s'est penchée et a appuyé dessus : « Est-ce que ça fait mal ? » Elle a appuyé à plusieurs endroits, en me posant la même question. Certains endroits faisaient mal, d'autres pas. Une minute plus tard, elle s'est levée. « Tes hanches sont faibles. »

Quoi ? « Mais mes hanches ne me font pas mal. C'est mon genou. »

« Nan. C'est tes hanches. Ton genou doit compenser tes hanches qui sont faibles. Fortifie tes hanches et la douleur au genou disparaîtra. »

Elle m'a montré des exercices à faire chaque jour. J'étais sûr qu'elle avait tort, mais je me suis dit que, de toutes façons, ça n'allait pas me faire de mal, alors j'ai fait les exercices.

Une semaine plus tard, la douleur au genou avait disparu. C'était incroyable. Mon genou *avait* compensé mes hanches. Mon corps m'avait aidé à supporter la douleur pendant cette randonnée. Mais pour que la douleur s'en aille, il fallait que mon corps fonctionne correctement.

Nos émotions et nos pensées compensent également lorsque nous sommes blessés et ressentons de la honte. Nous développons des mécanismes de défense émotionnelle. Malheureusement, tout comme mon genou, le problème ne disparaîtra pas à moins que nous ne le traitions en amont. Il réapparaitra ailleurs sous forme de douleur.

LA GRANDE MURAILLE

Lorsque nous ressentons de la honte, nous faisons vœu en nous-mêmes, souvent de façon inconsciente, de ne plus jamais laisser telle ou telle chose se reproduire :

« Personne ne me fera plus jamais mal comme ça. »

« Je ne donnerai plus jamais mon cœur comme je l'ai fait. »

« Personne ne me laissera plus jamais seul et sans défense. »

Au moment où nous faisons ce vœu intérieurement, nous mettons en place une ligne de défense pour ne plus être blessés. Nous commençons à construire un mur. Une façade. Un faux moi.

Chaque zone de honte a un mécanisme de défense spécifique.

NOTRE RÉACTION FACE AU SENTIMENT D'ABANDON

Lorsque notre besoin de sécurité n'est pas comblé, nous nous sentons abandonnés. Nous réagissons avec un mécanisme d'auto-défense en nous repliant sur nous-mêmes : si personne ne veut s'occuper de nous, alors nous nous occuperons nous-mêmes de notre personne ! L'abandon nous laisse avec un sentiment de ne pas être à la hauteur, avec la peur de ne pas être « assez » : assez intelligents, assez aimables, assez beaux... Vous pouvez remplir le blanc ! Nous croyons le mensonge qui insinue que si nous avions été « assez », cette personne ne nous aurait pas quittés. Le chef de la direction d'une grande entreprise m'a rapporté ceci : ses parents s'étaient énervés un jour contre lui et lui avaient dit : « Nous nous en allons et nous ne reviendrons plus jamais ! ». Ils ne parlaient pas sérieusement mais lui ne le savait pas. Ils sont partis et sont revenus une heure plus tard, mais pendant l'heure entière, cet enfant a cru que ses parents l'avaient abandonné.

Cette expérience a laissé en lui une marque indélébile. Combattre sa peur de l'abandon l'a conduit à réussir. Mais cela l'a également conduit à se replier sur lui-même, à s'isoler et finalement, à vivre dans la solitude. Il avait tout pour être heureux mais il ne l'était pas.

Quand la personne qui est supposée nous protéger nous laisse, nous nous sentons alors terriblement seuls et vulnérables et nous faisons tout ce qui est nécessaire pour nous protéger nous-mêmes. Nous ignorons les besoins et les préoccupations de ceux qui nous entourent, estimant que nos défis à relever sont bien plus grands que les leurs. Notre vie est plus importante que celle de notre entourage. Il est possible qu'on ne dise jamais cela mais en fait nous agissons comme si. Notre calendrier, nos besoins, nos priorités priment sur le reste. Nous réagissons tous un peu comme ça. Mais, pour ceux qui souffrent du sentiment d'abandon, c'est encore plus prononcé.

La version extrême de ce repli sur soi est le narcissisme, qui est une maladie mentale. Les narcissiques ont peu d'empathie pour les autres. Ils exploitent et utilisent les gens. Ils croient qu'ils sont au-dessus des règles. Ils sont persuadés de n'être pas comme les autres et ne peuvent s'entendre qu'avec certaines personnes. Ils apparaissent comme des personnes fortes et charmantes, mais juste sous la surface, ils se sentent inadéquats et manquent de confiance en eux. Ils sont très fragiles. Mais ils montrent rarement des signes de faiblesses, car ils craignent que cela les conduise à être de nouveau abandonnés.

Le repli sur soi crée l'illusion de la sécurité, mais mène en fait à l'isolement.

COMMENT RÉAGIR FACE AU SENTIMENT DE REJET ?

Lorsque nous ne nous sentons pas acceptés par ceux qui nous entourent, nous nous sentons rejetés. Le rejet n'a pas besoin forcément de mots, du style : « On t'aime pas ! » C'est souvent plus subtil que cela. Ce sont des parents qui font des comparaisons entre leurs enfants : « Pourquoi tu peux pas ressembler plus à ta sœur ? » C'est un de vos proches qui monte sans cesse la barre et semble ne jamais vous donner son approbation. Vous pouvez aussi vous sentir comme un étranger à cause de votre origine ou de l'éducation que vous avez reçue.

Lorsque des personnes ressentent un manque permanent d'approbation de la part de ceux qui les entourent, elles ont tendance à réagir de deux façons. Soit elles essayent d'en faire encore plus pour leur plaire et gagner leur approbation. Etre aimé, en ligne ou en personne, devient alors une obsession. Soit elles choisissent simplement de couper court à la relation dès les premiers signes de rejet. Un homme dans la soixantaine m'a dit ne jamais avoir eu un problème de rejet parce qu'il était devenu un spécialiste pour rejeter les autres, dès qu'il sentait qu'il n'était pas accepté.

Lorsque nous nous sentons rejetés, nous avons tendance à réagir avec un mécanisme de défense, celui de « l'autosatisfaction ». Nous avons tous un peu de ce mécanisme de défense en nous. Notre subconscient nous dit : « Les gens peuvent me rejeter, mais la nourriture, le sexe, la drogue, le fitness, la masturbation ou la pornographie seront toujours là pour moi. » Ces choses deviennent nos compagnons silencieux. Elles se présentent comme une relation en continu. Mais elles ne sont qu'une illusion de relation. Un substitut à bon marché.

Une caractéristique de l'autosatisfaction, c'est qu'elle vous conduit d'une obsession à l'autre. Vous connaissez ces gens. Ils suivent un régime ou un programme de fitness, puis quelques semaines plus tard, vous vous apercevez qu'ils sont passés à autre chose et ils vous baratinent sur leur nouvelle obsession qu'il vous faut absolument connaitre. « J'te dis d'y aller ! » Ils sont obsédés par le fait de trouver le dernier « truc sensationnel » à faire qui vous conduit à trop manger, trop dépenser, trop bouger… tout ce qui vous apporte un sentiment de bien-être immédiat ou presque.

Lorsque ces obsessions mettent le grappin sur vous, elles peuvent se transformer en dépendance. Le Dr Bruce Alexander a étudié la toxicomanie pendant des années et pense qu'elle est souvent directement liée à un manque de relations, réel ou perçu, dans la vie du toxicomane. Certaines de ses recherches sont controversées, mais nous donnent certainement de quoi réfléchir.

Au début de sa carrière, le Dr Alexander a assisté à une campagne antidrogue parrainée par le gouvernement des États-Unis qui montrait un rat en cage en train de boire dans une bouteille d'eau contenant de la cocaïne. La voix off de la pub déclarait : « Il existe une drogue au pouvoir tellement addictif que neuf rats de laboratoire sur dix la consommeront encore et encore jusqu'à ce que mort s'en suive. C'est la cocaïne. Et cette drogue peut avoir le même effet sur vous. » On y voit un rat courir frénétiquement jusqu'à ce qu'il tombe raide mort. Cette publicité visait à ralentir l'épidémie de cocaïne qui ravageait l'Amérique dans les années 80.

Le Dr Alexander a remarqué que les rats, lors de ces expériences, étaient isolés et seuls dans leur cage. Il a décidé d'apporter une modification à l'expérience. Il a gardé quelques rats en situation d'isolement. Puis il a mis ensemble toute une bande de rats dans une cage remplie de boules colorées et de roues, — un paradis à rats —. Les deux groupes — les rats isolés et ceux de l'autre groupe —

avaient accès à de la morphine, une drogue hautement addictive. Les rats isolés en ont consommé jusqu'à 25 milligrammes par jour. Il était clair qu'ils étaient devenus dépendants. Mais les rats de l'autre groupe n'en utilisaient pratiquement pas. Dr. Alexander a retravaillé sur cette expérience de plusieurs façons et en a conclu ceci :

> « Le raz de marée de l'addiction qui se répand de nos jours trouve son origine dans notre société devenue hyper-individualiste, trop speed et en crise : les gens se sentent isolés socialement ou culturellement. L'isolement chronique les conduit à rechercher à tout prix un moyen pour être soulagés. Ils trouvent un soulagement temporaire dans la dépendance à la drogue ou dans toutes autres dépendances — qui sont légions —, car cela leur permet de fuir leurs ressentis, d'endormir leurs sens : ils vivent un style de vie addictif pour remplacer une vie de plénitude qu'ils ne connaissent pas. » [5]

Fait intéressant, au cours de la même décennie, le Dr David Allen travaillait à Washington DC pour lutter contre l'épidémie de cocaïne. Il est arrivé à la même conclusion: il existe une corrélation nette entre la dépendance et le manque de relations dans la vie des gens.

COMMENT RÉPONDRE AU MANQUE D'AUTONOMIE ?

Lorsque vous ressentez un manque d'autonomie, vous répondez avec un mécanisme de défense de perfectionnisme et de contrôle. Se sentir impuissant peut être humiliant. Si vous avez grandi dans un environnement hautement contrôlé, avec des règles strictes et une liberté limitée, il y a de fortes chances que vous ayez des difficultés dans ce domaine. En fait, c'était mon cas. Ceci est mon coin du triangle. Mon inconscient tend à me dire : « Si tu arrives à être parfait, alors personne ne pourra jamais plus te faire honte ou t'humilier. »

Fait intéressant, de l'autre côté du spectre, les personnes qui ont grandi sans structure avec une totale liberté réagissent souvent de la même manière, cherchant à mettre de l'ordre dans leur vie.

Mes parents n'ont jamais été très stricts, mais les écoles chrétiennes que j'ai fréquentées l'étaient. A cette pression s'ajoutait le fait que j'étais un enfant de pasteur. Je vivais par conséquent sous surveillance de façon permanente. Ceux qui m'entouraient avaient des attentes à mon égard dites ou non dites. Je n'oublierai jamais cette femme qui m'a grondé parce que j'avais bousculé accidentellement l'un de ses enfants. « Et t'es un enfant de pasteur ! Tu devrais avoir honte. » Les personnes dont les parents occupent des postes importants ou d'influence me disent ressentir la même pression. On leur a dit qu'ils représentaient directement leurs parents : « Alors fais gaffe ! » Vous parlez d'une pression ! Essayer d'être parfait, c'est tenter d'être en contrôle sur tout pour éviter tout embarras. Mais être parfait, c'est juste impossible.

Le perfectionnisme peut vous empêcher de vous lancer dans de nouveaux projets ou même de terminer ceux que vous avez commencés. Vous ne vous lancez jamais dans l'écriture de votre livre parce que vous craignez qu'il ne soit pas parfait dès les premiers jets. Votre maison se transforme en un projet de rénovation sans fin car, dans votre esprit, ce n'est jamais comme ça que les choses devraient être. Faire les choses d'une manière juste et bonne, c'est une chose, mais le perfectionnisme en est une autre et peut vous rendre dingue. Le *parfait* est l'ennemi du *fait*. De nombreuses personnes n'osent pas se lancer dans le nouveau car elles ne sont pas certaines d'être capables de maintenir les standards qu'elles se sont fixés. Etre obsédé à vouloir tout contrôler peut vous empêcher d'aller de l'avant.

La version extrême de ce désir de contrôle est le trouble obsessionnel compulsif. J'entends des gens dire en rigolant qu'elles ont un TOC, mais pour les gens qui en ont vraiment un, ce n'est pas amusant du tout. C'est troublant. On a l'impression que la vie est toujours hors de notre portée.

METTRE TOUS LES ÉLÉMENTS ENSEMBLE

Si on met les besoins, les souffrances, les systèmes de défense dans un même panier, voilà à quoi ça ressemble :

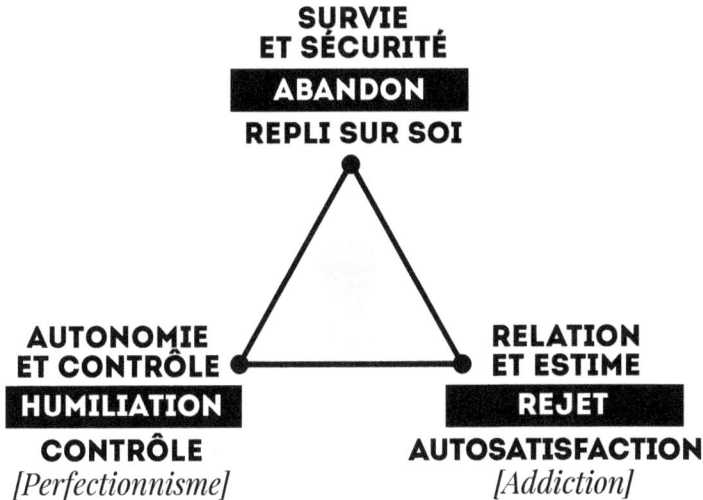

SURVIE
ET SÉCURITÉ
ABANDON
REPLI SUR SOI

AUTONOMIE
ET CONTRÔLE
HUMILIATION
CONTRÔLE
[Perfectionnisme]

RELATION
ET ESTIME
REJET
AUTOSATISFACTION
[Addiction]

Lorsque j'explique le triangle de la souffrance à un groupe de personnes, il y a presque toujours quelqu'un pour dire : « Oh ! Mais c'est mon frère ! » ou « Mon mari » ou « Ma mère ». Il est facile de voir le dysfonctionnement chez les autres, comment il repousse toute marque d'affection et les empêche de vivre ce qu'ils désirent vraiment. Mais ce livre est pour *vous* pour que vous deveniez ce que Dieu dit que vous êtes réellement et que vous discerniez quels systèmes d'auto- défenses *vous* retiennent. Comme l'a dit Socrate, « la vie que l'on ne remet pas en question, ne vaut guère la peine d'être vécue. »

> *« Quelles défenses ai-je développées qui m'empêchent d'être libre d'aimer et d'être aimé ? »*

Si nous voulons être tout ce que Dieu veut que nous soyons, la question que nous devons nous poser est celle-ci : « Quelles défenses ai-je développées qui m'empêchent d'être libre d'aimer et d'être aimé ? »

Le roi Salomon a dit : « Les projets que forme l'homme dans son cœur sont comme des eaux profondes mais l'homme intelligent sait y puiser. »[5]

Vous et moi sommes des gens profonds. Que ce

soient nos pensées, nos sentiments ou nos actions, tout commence dans les profondeurs de notre être. Ce que nous voyons à l'extérieur (comportements) est le résultat direct de ce qui se passe à l'intérieur (croyances). Notre travail consiste donc à trouver quelles sont nos croyances fondées sur la honte et à explorer en quoi elles nous limitent. Nous devons identifier ce que nous croyons sur nous-mêmes qui serait en conflit avec ce que Dieu dit que nous sommes en Christ. Le problème, c'est que nous sommes tellement proches de nos problèmes et de nos défenses que nous avons du mal à les reconnaitre. Les défenses peuvent être tellement enracinées en nous que nous ne les reconnaissons pas pour ce qu'elles sont vraiment. Au lieu de cela, nous croyons qu'elles sont qui nous sommes. Mais elles ne le sont pas. Il y a une version plus profonde et plus vraie de vous qui a été cachée.

Le secret pour déverrouiller cette partie cachée de vous-même commence par explorer quelque chose que nous connaissons tous : la colère et la frustration.

Quelques jours à peine avant ce fameux trajet en train vers Beijing, j'avais appris une vérité concernant la colère qui allait changer ma vie. En mettant cela en parallèle avec ce que j'ai appris sur nos besoins fondamentaux et notre honte, cela m'a aidé à voir que la colère peut être une puissance pour le bien. Alors, quelle était cette vérité sur la colère ? Pour la découvrir, nous devons retourner à Hong Kong, où mes amis et moi faisions de la contrebande.

CHAPITRE 3

LE DON DE LA COLÈRE

S'il vous est arrivé un jour de rencontrer un homme, alors vous avez rencontré un homme en colère.

— DAN ALLENDER

L'aéroport international de Hong Kong est un exemple de ce dont l'humanité est capable d'accomplir si elle est suffisamment désespérée.

Jusqu'en 1998, le principal aéroport de Hong Kong était situé au cœur de cette ville animée. Les avions frôlaient les gratte-ciels géants, secouaient les bâtiments et faisaient peur aux passagers qui ne connaissaient pas le modèle d'atterrissage de l'aéroport. A mesure que Hong Kong grandissait, les vols se sont multipliés. Tous savaient qu'ils avaient besoin d'un nouvel aéroport, mais la petite île montagneuse n'avait plus d'espace libre.

Ils ont alors décidé de prendre des mesures draconiennes. Ils ont rasé deux montagnes et ont rejeté toute la terre dans l'océan. Avec cette terre, ils ont pu construire une île de 9 km carrés !

Quand je pense à cette réalisation épique, je ne peux m'empêcher de penser aux paroles de Jésus dans Matthieu 17:20 : « Si vous aviez de la foi, même si elle n'était pas plus grosse qu'une graine de moutarde, vous pourriez commander à cette montagne : déplace-toi d'ici jusqu'à là-bas, et elle le ferait. Rien ne vous serait impossible. » Je ne savais pas qu'une montagne importante qui avait été dans ma vie pendant des années était sur le point de bouger.

Nous avions établi notre base d'opérations de contrebande à Hong Kong et entrions jour après jour en Chine continentale, apportant du matériel biblique, ce qui était illégal sous le régime communiste. Tout était dissimulé, les valises trafiquées, on faisait de la contrebande chrétienne avec des rendez-vous secrets. Nous traversions le poste de contrôle frontalier par paires pour éviter d'attirer l'attention. Une fois que nous avions trouvé une cachette suffisamment grande pour nos articles de contrebande, nous appelions un gars. Quelques minutes plus tard, il s'arrêtait dans sa petite voiture passe-partout, nous échangions une poignée de main rapide, chargions le coffre et il était en route. Nous faisions cela matin et soir.

Vous avez besoin d'un visa pour entrer en Chine, pas d'une carte de crédit ! Un visa qui vous permette de rester dans ce pays un certain temps. Au moment de notre voyage, seul le visa double entrée était disponible, c'est à dire qu'avec le même visa on ne pouvait entrer dans le pays que 2 fois. Dans ma situation j'avais donc besoin d'un nouveau visa chaque jour ; à 150 dollars le visa, cela représentait une petite fortune ! Je ne m'attendais pas à cette dépense et lors du troisième après-midi à Hong Kong, mon budget avait pris un sacré coup.

Je recevais un soutien financier mensuel pour me permettre de diriger ces équipes missionnaires. Je me suis donc connecté sur ma banque pour voir combien d'argent avait été versé sur mon compte. Le solde était faible. L'église principale qui s'était engagée à me soutenir, n'avait pas envoyé de don ce mois-là. Or, sa contribution représentait le tiers de mon soutien. J'ai commencé à paniquer. J'ai appelé mon père à l'autre bout du monde pour lui demander conseil. C'était tôt le matin pour lui. Nous avons un peu parlé, puis j'ai décidé d'écrire au pasteur le lendemain et de mentionner ce qui s'était passé. J'ai eu une courte conversation avec ma mère pour lui dire bonjour, puis j'ai raccroché et je me suis couché.

Le lendemain matin, alors que je me connectais pour écrire ma lettre à l'église, j'ai reçu un courriel du pasteur des missions de cette église. Son email m'a rendu malade.

> *« Salut Joël,*
>
> *Ta maman a appelé. Elle nous a dit que nous avions oublié d'envoyer le chèque pour ton soutien financier. Je suis désolé, je vais m'en occuper. »*

J'ai senti mon visage devenir rouge de colère. J'ai tapé du poing mon bureau. *Mais à quoi pensait-elle ?* J'étais un homme adulte dont la mère venait de contacter une église qui me soutenait, mince alors ! C'était comme si j'avais commissionné ma mère à faire quelque chose que j'avais trop peur de faire moi-même.

Je suis sorti en rage de notre petit appartement de Hong Kong pour me rendre dans un parc du quartier. Plusieurs femmes d'âge moyen pratiquaient leur routine paisible de Tai Chi à l'extérieur, au son du violon Erhu de Chine. Cette scène aurait dû me calmer, mais j'enrageais. J'ai essayé de me raisonner : « Pourquoi cette affaire m'avait-elle mis hors de moi ? Maman voulait juste m'aider… » Après avoir réfléchi mûrement un quart de seconde, je n'y voyais pas plus clair, alors j'ai laissé tomber. Je savais juste que j'étais en colère. J'ai décidé d'appeler ma mère et de lui dire ce que j'avais sur le cœur, peu importe l'heure qu'il était à la maison. Sur le point d'incendier ma pauvre mère, je suis tombé sur Ellen, une des missionnaires qui vivait dans le même bâtiment que moi. Quelques jours plus tôt, j'avais découvert qu'elle était conseillère, alors en passant, j'ai lui dit d'une façon sarcastique : « Eh ! Tu es conseillère, non ? Tu ne veux pas m'aider ? J'ai un petit problème avec ma mère ! »

Son visage s'est éclairé. « Mais bien sûr. Que se passe-t-il ? »

Ellen semblait vraiment prendre au sérieux ma requête, alors j'ai commencé à me plaindre de ce que ma mère avait fait. Elle hochait sa tête d'un air compréhensif. « Tu veux pas venir à notre appart prendre une tasse de thé ? »

Quelques minutes plus tard, j'étais assis dans son salon. Son mari nous a fait du thé. Une fois installés, la tasse à la main, elle posa la question du thérapeute classique. « Alors, comment te sens-tu par rapport à ce que ta mère a fait ? »

Pfft! C'était facile. « Je suis en colère. »

Ellen sourit. « Bien sûr, tu es en colère. Mais que ressens-tu *vraiment* ? La colère est une réponse secondaire. Qu'est-ce que tu as ressenti après ce que ta mère a fait ? »

Et c'est reparti. « De la colère. J'étais furieux. Enragé. Qu'est-ce que tu cherches à savoir au juste ? »

Elle a souri. « Eh bien, je ne doute pas que tu te sois mis rapidement en colère. Mais la colère est toujours une réaction à quelque chose. Alors, que ressentais-tu juste avant la colère ? »

Maintenant, je pense qu'il est important que je fasse une pause ici et que j'admette que j'ai eu un problème de colère à peu près toute ma vie. Je n'aurais pas avoué cela à qui que ce soit parce qu'à l'époque, je pensais que la colère explosive était normale. Je pensais au fond de moi que la colère n'était pas un problème mais que c'était plutôt *les gens* qui me mettaient en colère. Je disais des choses comme : « Si les gens ne faisaient pas des choses aussi stupides, ça irait ! Mais quand ils font des choses que j'apprécie pas, je suis obligé de réagir. » Et je sais réagir ! Je peux dire des choses méchantes, horribles, et les regretter tout de suite après. Je peux briser des objets et me sentir coupable tout de suite après. J'ai de très chers amis qui aiment à me rappeler en quelles circonstances nous nous sommes rencontrés la première fois : je venais de jeter mes baguettes de batterie dans une salle de conférence parce que j'étais furieux que le son ne soit pas correct pour notre groupe de musique. Ça me fait râler quand ils remettent cet événement sur le tapis. Je n'étais pas à mon avantage…

Ok, retour sur la séance de counseling.

Je commençais à me sentir mal à l'aise sur ce canapé. Ma mère était clairement le problème, *pas* mes émotions. Cette conversation n'allait nulle part. Mais Ellen insistait et comme elle *m'avait fait* du thé, alors j'ai réfléchi un peu plus : « Qu'est-ce que je ressentais avant de m'énerver ? Hum… » Après quelques instants, je savais ce que c'était, mais je ne voulais pas l'admettre. J'ai hésité, puis j'ai craché le morceau. Après tout, si vous ne pouvez pas être honnête avec un conseiller, avec qui pouvez-vous l'être ? « J'étais gêné. Je suis un homme adulte dont la mère appelle les gens à sa place. »

Ellen acquiesça. « Tu as trouvé. Tu étais gêné. Ce qui nous amène à la chose la plus importante que tu dois comprendre si tu veux que la colère travaille pour toi au lieu de te gâcher la vie : *la colère est une émotion secondaire.* »

La colère est toujours une réponse à une autre émotion. C'est un signal qui nous indique que nous devons faire attention et résoudre un problème plus profond.

UNE ÉNERGIE VITALE

Le mot en chinois mandarin pour la colère est « *shìng qì* » (prononcé « *shung chi* »). Ce qui est intéressant, c'est que les deux caractères chinois qui composent le mot (生气) ont leur propre signification. « *Shēng* » signifie « donner naissance ».« *Qi* » signifie « l'air ou un type vague d'énergie vitale. »[1] Assemblez-les et vous obtenez une définition perspicace de la colère : donner naissance à une énergie vitale. La colère nous pousse à réagir. La manière dont nous réagissons va déterminer si notre colère sera productive ou destructrice.

Utilisée correctement, la colère est un don qui peut nous aider à nous pencher un peu plus sur nous-mêmes. Lorsque nous sommes en colère, c'est parce que nous sentons que quelque chose que nous apprécions est menacé. Généralement, lorsque nous nous mettons en colère, c'est parce que nous ressentons une menace pour notre sécurité, nos relations ou la valorisation de qui nous sommes. La colère et le triangle de la souffrance vont de pair.

Avant d'aller plus loin, permettez-moi de m'adresser à tous ceux qui disent : « Mais je ne me mets pas vraiment en colère. » Pas de souci. Mais ne sautez pas ce chapitre. Vous pourrez toujours y retirer quelque chose d'important pour vous. Donc, si vous estimez que vous ne vous mettez jamais en colère, alors remplacez simplement le mot en colère par les mots *frustré* ou *agacé* tout au long de ce chapitre. Ne décrochez pas. Nous parlerons plus tard des formes subtiles de colère qui ne semblent pas être de la colère au prime abord.

LE POUVOIR DE LA COLÈRE

Il y a 1 189 chapitres dans la Bible. La colère apparaît dès le chapitre quatre. La colère a fusé juste après qu'Adam et Eve aient été chassés du jardin d'Eden. Leurs fils Caïn et Abel offrent un sacrifice à Dieu, mais Dieu rejette l'offrande de Caïn. « Cela mit Caïn dans une grande colère, et son visage s'assombrit. L'Eternel dit à Caïn : Pourquoi es-tu en colère et pourquoi ton visage est-il si sombre ? ... Domine [le péché] ! »[2]

Caïn s'est senti rejeté et était probablement un peu humilié aussi, alors il s'est mis en colère. Dieu a averti Caïn que s'il ne gérait pas correctement sa colère, il courrait un grave danger. Sa colère indiquait que quelque chose de profond en lui devait être traité. Caïn avait alors le choix : utiliser sa colère pour le bien ou le mal.

L'apôtre Paul, en citant les paroles du roi David, ne semble pas avoir de problème avec la colère quand celle-ci est bien gérée : « *Mettez-vous en colère mais n'allez pas jusqu'à pécher* ; que votre colère s'apaise avant le coucher du soleil. Ne donnez aucune prise au diable. »[3]

La colère n'est pas un péché.

Jésus s'est mis en colère en particulier le jour où il a renversé les tables dans la cour du temple de Jérusalem. Il était en colère en voyant la façon dont les chefs religieux abusaient des gens. C'était une colère juste. C'est le genre de colère qui est une force pour affronter l'injustice et défendre les opprimés. Vous avez probablement ressenti de la colère face à l'injustice, quand vous avez vu une personne humiliée, un enfant abusé émotionnellement ou physiquement, quelqu'un qui profitait des pauvres... En étant témoin de tels méfaits, vous voulez agir. Comme Jésus, nous *devrions* nous mettre en colère quand nous sommes témoins de l'injustice. Quand nous sommes en capacité de faire quelque chose, alors faisons-le ! Voici une colère qui est vraiment juste. La colère juste existe bel et bien, mais elle est rare.

J'ai malmené quelques tables à l'époque, mais je ne peux pas dire que c'était parce que je défendais les faibles. Pas du tout. C'était parce que j'avais des attentes insatisfaites, des projets qui n'aboutissaient pas ou que je me sentais menacé. Quand je m'attends à ce que les choses se passent d'une certaine manière et que cela ne se produit pas, je suis frustré et agacé. Je réagis avec colère en espérant ainsi retrouver mon équilibre du pouvoir qui a été menacé. Pas vous ?

La colère nous donne l'impression d'être puissant, c'est ce qui la rend attractive, surtout si vous vous sentez toujours écrasé ou abusé. Un conseiller en relation d'aide m'a parlé d'une de ses patientes qui a admis que la colère lui donnait le pouvoir dont elle avait besoin pour survivre. La pensée de perdre ce pouvoir l'effrayait. Elle lui a dit : « Je ne renoncerai jamais à ma colère. Cela me motive et me pousse à être un leader dans la vie. Vivre dans le pardon et le chagrin, c'est comme un lac et les gens vous y noieront. » La colère peut vous conduire au sommet, mais elle peut aussi vous faire chuter très rapidement.

La colère vous *donne l'impression* d'être puissant, mais en fait, elle vous fait perdre le contrôle de vous-même. Des études scientifiques ont prouvé que votre QI diminue lorsque vous êtes en colère.[4] Lorsque nous nous sentons menacés, notre instinct primaire reprend le dessus. Se battre ou s'enfuir. Notre corps réagit naturellement à la menace avec ce que l'on appelle « l'Eveil Physiologique Diffus » (DPA). La fonction cérébrale passe du cortex préfrontal (notre zone de pensée rationnelle) à notre cortex. L'adrénaline se déclenche. Nos muscles se contractent. Les battements de notre cœur s'accélèrent. Nos pupilles se dilatent même pour nous aider à nous concentrer sur l'objet qui nous menace. A ce stade, c'est cuit. La raison et la pensée rationnelle ont pris la porte. Nous pouvons nous sentir puissants, mais nous avons perdu le contrôle et nous avons effectivement perdu des points de QI. On s'est abêtis !

La DPA inhibe aussi directement la partie du cerveau responsable de l'empathie, de la résolution de problèmes et de la réflexion stratégique. Il est impossible de résoudre des problèmes de manière créative lorsque vous êtes en colère parce que votre cerveau ne fonctionne pas à sa pleine capacité.

LA COLÈRE ET VOS PLUS GROS REGRETS

Dieu a averti Caïn : « Domine [la colère] ! ». Mais Caïn ne l'a pas fait. Il a perdu le contrôle et a fini par tuer son frère. Si vous ne réussissez pas à canaliser votre colère et à la maîtriser, vous allez payer les pots cassés : vous risquez de rater des opportunités et d'avoir des regrets. Je le sais de première main.

Alors que je travaillais à l'université, mon patron a commencé à me prendre la tête, alors j'ai demandé un transfert dans un autre département. Demander ce transfert nécessitait l'approbation du patron que je n'aimais pas. Elle n'avait aucune raison de refuser ma demande, mais elle l'a fait. Quand je lui ai demandé pourquoi, elle a dit que mon cahier de présence laissait à désirer. J'étais furieux. Je n'avais manqué qu'une journée de travail en trois ans. Et c'était parce que j'avais été malade ! D'autres personnes avec lesquelles j'ai travaillé ont manqué des dizaines de jours de travail pour des fêtes, parce qu'elles avaient la gueule de bois ou des réunions de famille. Cette femme cherchait tout bonnement à me harceler. Je suis sortie de la pièce en rage.

De retour dans mon bureau, je fulminais. J'ai vu qu'elle appelait sur mon bip. J'ai ignoré son appel. Elle a continué d'appeler. Enfin, j'ai répondu : « Quoi ? » Je lui ai crié dessus. Elle a exigé que je revienne et que je lui parle. J'ai refusé. On s'est débrouillés pour éviter toutes interactions les semaines qui ont suivi. Peu de temps après, un poste de superviseur s'est libéré. J'ai postulé, mais j'ai rapidement découvert que ce serait cette personne qui allait m'interviewer. L'entretien s'est bien passé, mais je n'ai pas eu le poste. Et je savais pourquoi. La colère m'avait donné l'impression d'être dans la toute-puissance à ce moment-là, mais finalement, elle est revenue me hanter.

Je suppose que vous aussi avez quelques regrets en lien avec votre colère — la relation qui a pris fin, le boulot que vous avez perdu, une chose ou une personne qui en a pâti — tout cela parce que vous avez laissé votre colère endommager les choses.

Alors, j'aimerais vous lancer un défi : il est temps de prendre le contrôle sur vos accès de colère et de commencer à l'utiliser à bon escient. Il est temps de reconnaître que vous avez un problème, d'être honnête avec vous-même et de reprendre le contrôle sur vos émotions. Etre honnête est la première clé. Admettez que c'est un problème, que *vous* avez un problème. Le problème, ce n'est pas vos enfants, votre conjoint, votre patron. C'est vous-même et votre colère.

Mettez-vous à l'évidence, vous ne pouvez pas changer les gens qui sont dans votre vie. Mais *vous*, vous pouvez changer. Continuez la lecture de ce livre, car je vais vous montrer comment utiliser la colère en tant que force pour le bien. Mais d'abord, un mot aux personnes qui pensent que ce chapitre ne les concerne pas.

« Mais je ne me mets pas en colère. »

L'une des réponses les plus courantes que j'entends quand je parle de colère est celle-ci : « Mais je ne me mets pas vraiment en colère. » Il est difficile pour certaines personnes de reconnaître leur colère. Elles appellent cela « frustration ou « être irrité ». Certaines personnes sont vraiment douées pour réprimer la colère ou l'exprimer d'une manière plus socialement acceptable. Elles n'explosent pas, ne frappent pas les gens et ne jettent pas des objets, elles estiment qu'elles ont gardé leur self-control. Mais ce n'est souvent pas le cas.

J'ai constaté que les personnes qui pensent ne pas ressentir de colère sont généralement celles qui ont été blessées dans la sphère des relations. Elles craignent la colère à cause des vibrations négatives qu'elle génère dans les relations ; alors elles la font taire. Mais la colère est toujours là. Ces personnes sauvent juste les apparences.

Comment savoir si vous êtes l'une d'entre elles ? Voici quelques manifestations plus subtiles de la colère.[5]

La bombe à retardement — Ces personnes sont longues à la détente. Elles réagissent rarement au moment de l'incident. La colère se développe lentement, parfois au fil des ans, jusqu'au jour où la personne explose. Typiquement, ces gens retiennent leur colère quand ils sont en société et l'explosion se produit à la maison au sein de la famille. Une fois qu'ils ont laissé cours à leur colère et que tout est sorti, ils se sentent bien. Ils peuvent même vouloir faire la fête ! « Eh, si on sortait manger une pizza ? » Mais tous ceux qui ont été victimes de l'explosion sont blessés et tremblent de peur, ne sachant pas s'ils peuvent se fier à cette soudaine bonne volonté. Ils vivent dans l'angoisse de la prochaine explosion.

Le gars qui compte les points — Ceux qui comptent les points ne réagissent pas immédiatement quand ils se sentent offensés ou blessés. Ils classent la blessure dans un dossier, ajoutant une infraction après l'autre à leur liste intérieure. Mais quand la goutte fait déborder le vase, ils pètent un câble et ramènent sur le tapis les histoires qui ont eu lieu des années auparavant : l'incident de la lune de miel, le moment où vous avez oublié de payer la facture d'électricité, la bêtise que vous avez dite à cette fête, même des choses dont vous n'avez jamais eu connaissance mais qui sont restées sur leur estomac. Ils disent qu'ils ne sont pas en colère, mais détiennent une liste de griefs qu'ils sortent du panier au moment où la victime s'y attend le moins. Qu'on le veuille ou non, c'est de la colère.

Le Capitaine Sarcastique — Mais oui ! Le sarcasme est une forme de colère intelligente et rapide. On ne se mouille pas. Si vous dites quelque chose de sarcastique et que les gens réagissent négativement, vous pouvez toujours dire : « Mais détends-toi ! C'est juste une blague ! » Le sarcasme est une forme de colère déguisée en humour.

La main de fer dans un gant de velours — Ces gens sont agréables en surface. Ils sourient et vous mettent à l'aise. Mais ensuite, ils vous font une remarque tranchante de manière très spirituelle. Nous avons tous rencontré ce genre de personnes. Une dame est venue me voir après une série de sermons que j'avais donnés sur quatre semaines et a déclaré : « J'ai aimé ce dernier message ! C'était le meilleur des quatre. Vous enseignez enfin la Bible.

Excellent travail ! » Elle a souri et s'est éloignée. Apparemment, mes premiers messages ne lui avaient pas plu ! Ces gens font semblant de se soucier de vous, mais ne se privent pas de vous dire « gentiment » ce qu'ils pensent dès qu'ils en trouvent l'occasion.

L'âge de glace — Lorsque ces gens se sentent menacés, ils deviennent calmes et distants. Certains ne reparleront plus à la personne qui les a offensés pendant des semaines, même s'ils vivent sous le même toit, appartement, dortoir... Le silence est l'arme qu'ils utilisent pour forcer l'autre à présenter des excuses ou pour la punir de ce qu'elle a fait. Ils vont faire semblant de réagir sainement sans s'emporter, mais en fait ils *s'emportent* quand même. Ils utilisent simplement le silence et la distance plutôt que la violence ou les cris.

Le gangster — Les gangsters ne vont exprimer leur colère que lorsqu'ils sont entourés d'amis. Etre dans un groupe leur donne la confiance nécessaire pour s'emporter. Par exemple : quelques couples mariés se réunissent et une personne commence à dire des blagues salées au sujet de son conjoint. Les « gangsters » profitent de l'ambiance sécurisée qu'ils ressentent en groupe pour exprimer leurs griefs. Le fait d'être entourés par d'autres personnes leur donne le cran pour exprimer leur colère.

Le guérillero — Deux mots : agressif et passif. Ces gens font mine de vous respecter et de partager votre point de vue, mais derrière votre dos, ils médisent sur vous et vous rabaissent. Vous les voyez rarement en colère, mais vous en ressentez les effets.

Il y a de grandes chances que, même si vous dites que vous ne vous mettez pas en colère, vous le fassiez quand même. Mais juste d'une manière plus subtile. Vous pouvez appeler cela « frustration, irritation, déception » ou tout ce que vous voulez, mais c'est de la colère. Et il est bien d'admettre que vous êtes en colère. Vraiment. On passe tous par là. Rappelez-vous que la colère n'est qu'une réponse à vos besoins de base en matière de sécurité, de relations ou d'autonomie qui se sentent menacés. La clé est de s'assurer que la colère ne vous limite pas ou ne blesse pas les autres.

Donc, voici comment vous pouvez commencer à utiliser la colère pour le bien plutôt que pour le mal.

PRÊTEZ ATTENTION

Prêtez attention à vos sentiments négatifs. Même les tout-petits. Il ne suffit pas de juste les ignorer et de vous dire que ce n'est pas grave. Si vous êtes irrité à chaque fois que vous vous trouvez en face de la même personne, essayez de comprendre pourquoi. Essayez de discerner les émotions que vous ressentez quand vous vous trouvez en face d'elle.

S'il y a quelque chose que votre femme fait et qui vous met systématiquement hors de vous, demandez-vous pourquoi. Qu'est-ce qui fait que vous vous sentez menacé ? Si quelque chose vous agace, ce n'est pas rien ! Si vous vous sentez agacé ou frustré par quelque chose, c'est un signe, ne le méprisez pas.

Si vous vous sentez agacé ou frustré par quelque chose, c'est un signe, ne le méprisez pas.

Utilisez-le pour comprendre ce qui se passe au plus profond de vous-même.

Une femme m'a fait savoir qu'elle était gênée par quelques photos que son amie avait postées sur Facebook, où elle posait en bikini. Je lui ai demandé pourquoi ces photos l'irritaient tant. Elle m'a répondu qu'elle n'était pas en colère, juste frustrée... Mais cela la contrariait vraiment.

Tout dans la vie est connecté. Alors, nous avons commencé à passer en revue ce qui se passait dans sa vie qui pouvait générer de la frustration. Son mari était en déplacement pour son travail et elle venait juste de recevoir des résultats inquiétants d'analyses médicales alors qu'il était absent. Le stress allait croissant.

Elle fut honnête et admit qu'elle s'inquiétait que son mari voie les photos de leur amie et qu'il ait à batailler avec des pensées de convoitise. Elle s'inquiétait des conséquences que cela pourrait générer sur leur relation. Sa colère était nourrie par la crainte de ce qui pourrait l'affecter et affecter sa relation avec son mari. Peut-être s'inquiétait-elle aussi de ce que ce problème de santé pouvait la rendre moins attractive aux yeux de son mari. Tout ça à partir d'un simple post sur Facebook. Il est certain que la colère de cette personne était plus sous contrôle qu'explosive mais ce sentiment de gêne était le signe de quelque chose de plus profond. N'ignorez pas la colère ou la frustration. Prêtez-y attention.

Une fois que vous avez commencé à prêter attention aux émotions négatives et à la colère qui vous animent, voici trois étapes pour les transformer en une force pour le bien dans votre vie.

1 — IDENTIFIEZ CE QUI VOUS MET EN COLÈRE D'UNE FAÇON RÉCURRENTE

Commencez à traquer votre colère. Faites « un journal de colère ». Prenez-le avec vous dans votre poche ou votre sac à main. Lorsque vous vous sentez en colère (ou même légèrement frustré), écrivez ce qui s'est passé, quand cela s'est passé et avec qui. Voici un exemple :

Temps : 7:45 du matin
Lieu : Sur la route
Personnes impliquees : Autres conducteurs
Ce qui s'est passe : Je vais être en retard à cause des embouteillages

Les embouteillages, voilà le problème. Identifiez maintenant s'il s'agissait d'une menace concernant votre sécurité, vos relations aux autres ou votre contrôle. Pour moi, quand il s'agit d'embouteillages, ce n'est généralement pas ma sécurité — nous roulons comme des escargots ! — Il ne s'agit pas non plus de ma relation avec les autres — je n'ai aucune envie de me taper la discute avec les conducteurs des voitures qui m'entourent. Le trafic concerne mon manque de contrôle. Je n'ai aucun contrôle sur ces conducteurs autour de moi mais eux, contrôlent mon emploi du temps car c'est de leur faute si je vais arriver en retard !

A CONSULTER
WhyAmIAngry.info

C'est un petit quiz que j'ai créé pour vous aider à identifier ce qui vous met hors de vous. Une fois que vous avez entré vos réponses, vous obtenez un rapport mettant à l'index la menace qui pèse sur vos besoins fondamentaux et tend à vous mettre hors de vous.

Voici un autre exemple :

Temps :	*10 :11 du matin*
Lieu :	*Bureau*
Personnes impliquees :	*Mon boss et gina*
Ce qui s'est passe :	*Ils se retrouvent sans moi et ne font pas cas de mes idées*

Quel est le problème ici ? Eh bien, cela semble être un problème relationnel, une menace pour votre relation avec les autres ou votre estime de soi. On n'apprécie guère être mis de côté. Vous avez l'impression que vous comptez pour du beurre. Ça a le don de vous frustrer ou même de vous mettre en colère.

Gardez une trace de vos épisodes de colère pendant une semaine ou deux. Au fur et à mesure que vous lirez ce livre, quelques situations qui vous ont vraiment énervé dans le passé vous reviendront probablement à l'esprit. Mettez-les également par écrit. Cherchez à savoir s'il y a des ressemblances entre elles.

2 — LORSQUE VOUS VOUS METTEZ EN COLÈRE, ALLEZ RESPIRER UN BOL D'AIR

L'apôtre Jacques nous présente un puissant remède pour garder votre colère sous contrôle. Il dit : « Vous savez tout cela mes chers frères et sœurs. Mais que chacun de vous soit toujours prêt à écouter, qu'il ne se hâte pas de parler, ni de se mettre en colère. »[6] Rappelez-vous que lorsque vous sentez que la colère vous monte au nez, votre cerveau va se demander s'il doit laisser tomber ou relever l'affront. Il va réagir au quart de tour en court-circuitant la raison. Vous avez l'impression de garder le contrôle, mais en fait pas du tout. Vous devez ralentir. L'amour ralentit. La colère active le pas.

L'amour ralentit. La colère active le pas.

Pour éviter de faire ou de dire quelque chose que vous regretterez plus tard, prenez du recul par rapport à la situation. Vous devrez peut-être dire à la personne : « Je ne peux pas en parler maintenant. J'ai besoin de me calmer. » Si elle insiste, prenez le large. Allez faire un tour. Mettez-vous au nettoyage (ça marche pour moi !). Allez courir. Faites de l'exercice. Pour notre sécurité et la vôtre, veillez à ne pas conduire ! Vous êtes susceptible de blesser quelqu'un ! Faites une activité physique pour calmer votre corps et réinitialiser votre cerveau.

Une fois que vous vous serez calmé, relancez votre cortex préfrontal. Mettez votre intelligence au boulot. Faites usage de votre esprit brillant. Identifiez la menace qui a déclenché votre colère. Etait-ce une menace concernant votre sécurité, vos relations avec autrui ou votre self-estime ? Une menace qui pourrait affecter votre autonomie ou votre position de contrôle ? Il est probable que vous retombiez à chaque fois sur le même constat. Ne vous contentez pas de reconnaître que vous êtes en colère. Tout le monde peut faire ça. Prenez le temps de comprendre pourquoi. Vous devrez peut-être prier et demander à Dieu de vous montrer quelle est la menace à l'origine de votre colère.

Ne sautez pas cette étape. Vous devez faire correctement les choses pour gagner la prochaine étape.

Lorsque vous identifiez exactement ce qui vous met en colère, vous serez en mesure de mieux articuler ce qui vous gêne, ce qui améliorera vos chances de résoudre le problème.

Une fois que vous avez compris à quelle menace vous réagissez, il est temps de franchir la dernière étape et de l'exprimer. Mais parce que vous avez pris le temps de vous évader, de vous mettre au calme et de réfléchir, vous pourrez exprimer ce que vous ressentez réellement et le faire, déchargé de tout bagage émotionnel.

3 — EXPRIMEZ VOS SENTIMENTS EN UTILISANT LES ÉMOTIONS PRIMAIRES

La colère est une émotion secondaire. Mais pour résoudre des problèmes, vous devez utiliser des émotions primaires. Concentrez-vous sur la question primordiale. Le simple fait de dire « tu m'as mis en colère » ne vous mènera nulle part. Vous devez exprimer *pourquoi* vous êtes en colère, en gardant à l'esprit que la colère est *votre* problème. Ne cherchez pas à blâmer l'autre. C'est trop facile d'accuser quelqu'un de vous avoir « mis » en colère ou d'avoir fait quelque chose d'une façon délibérée dans l'intention de vous contrarier, alors que ce n'est généralement pas le cas. Faites-lui savoir simplement, sans l'accuser, quel a été votre ressenti face à telle ou telle situation. Utilisez le pronom « je » plutôt que « vous ». Je pense que ceci peut vous être utile pour exprimer vos sentiments :

Voici quelques exemples :

> *« Quand j'ai découvert que j'avais été exclu de cette réunion, je me suis senti humilié comme si mes idées n'avaient guère d'importance. »*

> *« Lorsque j'ai appris que mon poste de travail avait été changé sans qu'on me prévienne, j'ai paniqué. »*

« Dans notre conversation, je me suis senti rabaissé. »

> *« Je ne me sens pas en sécurité quand on dépense l'argent d'une façon autre que celle que nous avions convenue ensemble. J'ai peur de manquer quand le besoin se fera sentir. »*

Faire le tri dans ses émotions primaires peut être difficile. Avec le temps, vous améliorerez petit à petit vos performances. Parfois, il est gênant d'admettre ce qui vous dérange vraiment. Mais pour tirer le meilleur parti de votre colère, vous devez faire ce travail et réfléchir un peu plus profondément. Voici quelques mots relatifs aux émotions basiques qui vous aideront à décrire ce que vous avez ressenti :

- Menaces sur ma sécurité : je me suis senti vulnérable, menacé, en danger, seul, ligoté.

- Menaces sur ma relation aux autres et ma self-estime : j'avais l'impression d'être comparé, pas assez bon, rabaissé, invalidé.

- Menaces sur mon habilité à contrôler et mon autonomie : je me suis senti ignoré, perdu, impuissant, dépassé, faible, stupide.

Ne soupçonnez pas le mal chez les gens. Bien sûr, il y a des gens qui sont intentionnellement méchants, mais en général, les gens ne cherchent pas à vous mettre en colère. En fait, le plus souvent, ils n'ont aucune idée de ce qu'ils ont pu faire ou dire pour déclencher votre colère. C'est parce qu'il ne s'agit pas d'*eux* ou de ce qu'*ils font*. Il s'agit de *vous* et de ce que *vous avez ressenti*.

Lorsque vous exprimez votre colère en utilisant des émotions primaires et que vous arrivez à garder le contrôle sur vous-même, les gens autour de vous peuvent vouloir vous ressembler. Cela leur donne quelque chose sur quoi travailler. Cela vous donne également une meilleure idée de qui vous êtes, de ce qui vous motive, de ce qui vous pousse à aller de l'avant, et de ce vous fait peur. Avec cette connaissance, vous pouvez commencer un voyage d'exploration sur vous-même qui vous aidera à mieux vivre, à mieux aimer et à marcher dans la liberté que Dieu a en réserve pour vous.

Pouvez-vous imaginer quelle différence cela pourrait faire si vous commenciez à considérer la colère comme un véritable cadeau ? Au lieu de laisser la colère faire de vous une personne qui ne sait pas se contrôler, et qui pète les plombs, apprenez plutôt à la canaliser, à l'utiliser pour le bien. Vous pourriez devenir presque invincible ! Chaque contrariété ou frustration deviendrait alors une occasion de vous rapprocher de ces forces invisibles qui vous animent. Plutôt que de vous laisser offenser et de fulminer, la colère pourrait devenir votre plus grande alliée pour mieux comprendre ce qui vous empêche d'être véritablement *vous*. La colère pourrait vous aider à grandir. A chaque fois que vous ressentiriez de la colère, vous pourriez saisir l'occasion pour devenir plus fort et plus perspicace.

Vous avez la capacité de contrôler votre colère et de l'utiliser pour vous aider à devenir tout ce que Dieu veut que vous soyez. La colère est un cadeau. N'en ayez pas peur. Ne l'ignorez pas. Utilisez-la !

INTERPRÉTATIONS, DISCUSSIONS ET VOTRE FAMILLE

(OU COMMENT VOUS EN ÊTES ARRIVÉ LÀ ?)

Le plus gros problème en communication, c'est l'illusion qu'elle a déjà eu lieu.

— GEORGE BERNARD SHAW

Ce qui tourmente les hommes, ce n'est pas la réalité mais les opinions qu'ils s'en font.

— EPICTÈTE

A ce jour, je ne suis toujours pas sûr de ce que j'ai dit au chauffeur de taxi chinois, mais cette affaire a failli tourner au cauchemar.

Cela faisait plusieurs semaines que notre équipe était sur Pékin et sa région. Nous étions sur le point de prendre un autre train pour visiter une petite ville à l'ouest de la Chine. J'ai dit à l'équipe d'aller de l'avant avec tous les bagages pendant que moi, j'irais chercher de la nourriture, une spécialité du terroir, du *Kan Da Ji* (alias *Kentucky Fried Chicken* — KFC) pour le trajet en train ! J'ai pris mon livret de conversation en chinois et j'ai dit au chauffeur de taxi de conduire mon équipe à la gare. Ils sont partis rapidement. Puis, j'ai fait signe à un autre taxi : je voulais faire quelques achats de nourriture pour le voyage avant le départ.

Je suis arrivé à la gare environ quarante minutes plus tard, espérant que les membres de l'équipe m'attendraient dans le hall. Ils ne se trouvaient nulle part. Et ils n'avaient pas de téléphone ! Nous étions à vingt minutes de l'embarquement quand j'ai finalement reçu un appel. Ils ne savaient pas où le chauffeur les avait emmenés, mais c'était clair qu'ils n'étaient pas à la gare. Nous avons réussi à faire un appel à trois avec un ami du chauffeur de taxi qui parlait anglais et environ quinze minutes plus tard, juste avant que le train ne démarre, ils sont arrivés à la gare et nous nous sommes tous précipités pour monter à bord.

Quand les gens me demandent si je parle chinois, je repense toujours à cette épopée et je réponds : « Juste assez pour me mettre dans des situations pas possibles ! »

Le chinois mandarin est assez compliqué. Il est composé de syllabes uniques : « *ma, da, bei, fung, la...* » Chaque syllabe a quatre tons potentiels. On les nomme simplement ainsi : ton premier, deuxième, troisième ou quatrième. Ces tons, ou contours, sont représentés par des accents spécifiques sur les lettres latines (les lettres que nous utilisons). Si vous ne captez pas la bonne tonalité, vous pouvez finir par dire quelque chose de complètement différent de ce que vous aviez l'intention de dire. Par exemple, selon le ton, le simple mot « *ma* » peut signifier mère, déranger, cheval ou gronder. Pour ajouter plus de complexité, « *ma* » peut également être utilisé à la fin d'une phrase pour indiquer qu'une question vient d'être posée. Entre les mains d'un linguiste non qualifié (comme moi), le mandarin est quelque peu déroutant. On peut facilement se tromper.

Et vous savez ce qui est encore plus complexe et nuancé que le chinois mandarin ?

Les gens.

Il n'y en a pas deux qui soient exactement identiques. Nos personnalités et expériences se combinent pour créer un nombre infini de réponses possibles à une situation donnée. En fonction de leur personnalité et de leurs antécédents, deux personnes peuvent vivre la même expérience mais l'interpréter de manière complètement différente. Telle expérience pourra créer pour l'un un préjudice dans le domaine de la sécurité alors que pour l'autre, ce sera un préjudice dans le domaine des relations ou de l'abandon. Une situation qui blesse profondément une personne peut à peine être remarquée par une autre. Tout en vivant la même expérience, différentes personnes peuvent réagir différemment. Ce n'est pas ce qui vous arrive qui importe, c'est la façon dont vous *interprétez* ce qui vous est arrivé.

> *Ce n'est pas ce qui vous arrive qui importe, c'est la façon dont vous interprétez ce qui vous est arrivé.*

Quand j'étais en sixième, mes parents implantaient des églises. Traduction : nous étions pauvres. Pendant des années, notre famille a bénéficié de subventions de l'Etat pour les frais de cantine, vu sa situation financière. C'était terriblement gênant pour moi. J'attendais toujours que tout le monde soit passé dans la file d'attente pour prendre mon plateau. Je ne voulais pas que les autres sachent que je déjeunais pour quarante centimes quand je disais mon nom à la caissière.

Récemment, j'ai fait part à ma sœur de mon sentiment de honte du fait que je bénéficiais d'un déjeuner à prix réduit. Elle m'a fait remarquer que ce qui l'avait dérangée, elle, c'était de devoir payer quelque chose alors que bien d'autres ne payaient rien du tout. Elle avait trouvé ça injuste. Elle ne ressentait pas la même gêne que moi. Même expérience, mais deux réactions très différentes.

MODÈLES D'INTERPRÉTATION

Nous percevons rapidement dans la vie, ce qui cause de la douleur et ce qui apporte du réconfort. Nous développons une série cohérente de schémas de réponses pour minimiser la douleur et optimiser le confort. Si nous avons remarqué que l'humour peut nous protéger des critiques de nos pairs, nous l'adoptons dans notre personnalité. Si la consommation de tabac, d'alcool ou de drogues nous procure un sentiment de calme ou d'invincibilité, nous continuerons à en consommer. Si taper du poing nous permet de nous débarrasser des personnes autoritaires, alors nous continuerons à taper du poing. Si nous nous apercevons qu'en ignorant les gens qui nous intimident, ça marche, alors nous continuerons à utiliser cette méthode. Nous déterminons quels modèles nous permettent d'obtenir ce que nous voulons et, sans nous en rendre compte, ces modèles deviennent des habitudes.

Dans son livre, *The Power of Habit* (La puissance de l'habitude), Charles Duhigg déclare :

> *« Les habitudes… émergent parce que le cerveau cherche constamment des moyens de faire des économies en termes d'effort… Lorsqu'une habitude est ancrée, le cerveau cesse de participer à taux plein à la prise de décision. Il cesse de tourner à plein régime ou il concentre son attention vers d'autres tâches. Donc, à moins que vous ne combattiez délibérément une habitude, et que vous ne trouviez de nouvelles routines, vous suivrez automatiquement celle acquise. »[1]*

Votre esprit ne s'arrête jamais. Il travaille, reçoit et stocke constamment de nouvelles données. Parce qu'il fonctionne non-stop, il recherche de la cohérence et de la prévisibilité pour pouvoir faire une pause. Les habitudes, c'est ce que votre esprit utilise pour créer une certaine prévisibilité dans ce monde en constante évolution. Elles économisent notre énergie cérébrale. Les habitudes deviennent finalement une seconde nature. Une étude de l'Université Duke a révélé que plus de 40% des actions que nous effectuons chaque jour ne sont pas des décisions réelles, mais des habitudes.[2]

Lorsque les habitudes de pensée et d'action sont basées sur des croyances issues de la honte, nous finissons par opérer de manière constamment dysfonctionnelle.

Même si vous ne le réalisez pas, votre cerveau utilise constamment les données recueillies pour interpréter le monde qui vous entoure. Nous interprétons toujours. Erwin Mc Manus l'explique ainsi :

> « *Nous sommes des interprètes. C'est la façon dont nous sommes conçus. Nous interprétons à travers nos sens et, par conséquent, tout ce que nous voyons, entendons, sentons, touchons, goûtons et vivons est traité à travers toutes nos expériences et perceptions précédentes. Nous ne voyons pas les gens pour qui ils sont ; nous les voyons à travers le filtre de tous ceux que nous avons connus. Nous ne voyons pas les circonstances telles qu'elles sont ; nous les voyons à travers le filtre de tout notre vécu. Aucune expérience n'est une expérience isolée.* »[3]

Nos mécanismes de défense d'auto-absorption, d'autosatisfaction et de contrôle sont basés sur l'habitude. Notre esprit, comme un super ordinateur avec un stockage illimité, se souvient de tout. S'il se sent menacé par la honte, il réagit avec un mécanisme de défense.

VOTRE PRISE UNIQUE

Vous avez probablement eu, un jour, une conversation au cours de laquelle vous vous êtes emporté, sans savoir vraiment pourquoi. A ce moment-là, votre cerveau a saisi que quelque chose à propos de cette conversation était similaire à une autre que vous aviez eue auparavant ; or cette dernière s'était mal terminée. Dans ces cas-là, votre cerveau commence à tirer la sonnette d'alarme et vous passez en mode de protection, en utilisant vos réactions basées sur l'habitude, sans même savoir exactement ce qui vous dérange. Votre cerveau a lu un stimulus, l'a interprété d'une manière ou d'une autre et *boum* ! Il a réagi.

Le problème, c'est que nous pouvons mal interpréter les situations. C'est comme si vous portiez des verres de lunettes fabriqués avec la mauvaise ordonnance. Nous pouvons ne pas voir les choses avec précision. Si nos lentilles sont déformées par de mauvaises expériences du passé, nous pouvons facilement mal interpréter les situations les plus inoffensives :

> *« La dernière fois qu'un gars m'a parlé de mon équilibre travail / vie privée, il m'a largué. Ce gars en parle maintenant. Oh non ! Il va me larguer. Je ferais mieux de le larguer en premier. »*

> *« La dernière fois que j'ai abordé la question du mauvais comportement de mes employés, ils ont démissionné. Si j'aborde encore cette question, tout le monde va démissionner Je serai seul avec davantage de travail. Je vais juste l'ignorer. »*

Les choses deviennent vraiment n'importe quoi lorsque nous commençons à façonner des croyances sur la façon dont le monde fonctionne à partir de ces mauvaises interprétations :

> *« Les relations finissent toujours dans la douleur. »*

> *« Tous les hommes (ou femmes) finiront un jour ou l'autre par me larguer et me feront souffrir. »*

> *« Je casse tout ce que je touche. »*

« Si j'ose confronter quelqu'un, il va me laisser tomber. »

« Les gens ne sont jamais là quand vous en avez vraiment besoin. »

Une de mes clientes au travail était persuadée que tout le monde cherchait à profiter d'elle. Elle était tellement convaincante que je suis allé investiguer une situation où elle était certaine d'être victime d'abus. Mais à mesure que j'amassais les data et les points de vue objectifs, j'en ai conclu que sa vision des choses était déformée. Elle ressentait qu'on cherchait à la blesser alors qu'elle faisait juste face aux défis quotidiens de tout un chacun. Mais pour elle, il s'agissait d'attaques qui la visaient particulièrement. Les blessures de son passé lui faisaient croire que tout le monde était monté contre elle.

Nous sommes tous enclins à développer des idées fausses, résultat de certaines expériences de notre passé. Même si une situation peut nous paraître claire comme de l'eau de roche, il est tout à fait possible que notre vision des choses ait été biaisée par des expériences de notre passé. Nous devons accepter la possibilité que nous ne voyions peut-être pas les choses telles qu'elles sont réellement.

PROBLÈMES FAMILIAUX

Dans son livre, *Crossing the Tracks for Love* (traverser la voie par amour), Ruby K. Payne parle des règles non dites des classes sociales. Différentes classes socio-économiques ont des points de vue différents sur des sujets aussi divers que la nourriture, les relations, l'éducation et, bien sûr, l'argent. Ces points de vue ont été assimilés, non enseignés. Vous les faites vôtres en observant le monde dans lequel vous grandissez.

Ces règles liées à votre classe sociale impacte tout. Par exemple, parmi les pauvres, le facteur le plus important dans un repas est la quantité : « Avez-vous eu assez ? » Mais chez les riches, la présentation de la nourriture est ce qui va compter le plus : « La présentation vous a-t-elle plu ? » (C'est pourquoi, quand vous allez dans un restaurant chic, votre repas vient sur une énorme assiette blanche avec un petit morceau de viande, un morceau de légume et du persil. Magnifique ! Mais j'ai encore faim !) Dans la classe moyenne, on valorisera plutôt le goût : « Est-ce que c'était bon ? » Nous avons assimilé toutes ces petites nuances dans notre vision du monde, sans nous en rendre compte.

Généralement, par le biais de l'éducation ou du mariage, vous allez soit monter, soit descendre d'une classe au cours de votre vie. Mais, à moins que l'on vous enseigne une autre façon de faire, vous allez toujours obéir aux règles non dites que vous avez apprises en grandissant. Si vous avez grandi dans la pauvreté, vous avez vu vos parents vivre d'une paye à l'autre. Si en tant qu'adulte, vous décrochez un bon boulot qui vous rapporte un salaire conséquent, vous aller pouvoir devenir un membre de la classe moyenne. Mais si vous n'avez pas appris comment fonctionne l'argent et les disciplines de l'investissement, il est tout à fait possible que vous continuiez à fonctionner comme vos parents, à la différence près que les sommes sont plus importantes.

Souvent, les gens qui passent d'un statut socioéconomique à un autre ne se sentent pas à leur place dans leur nouveau monde. Ils ont l'argent et le statut, mais se sentent complètement déphasés parce qu'ils ne comprennent pas que ceux qui les entourent voient la vie sous un angle totalement différent.

Tout comme ces visions du monde non dites de la classe sociale, nous sommes tous détenteurs de croyances qui nous ont été transmises par notre milieu familial à propos de nous-mêmes et des autres. Nous avons appris la plupart de ces règles avant de pouvoir les repenser d'une façon rationnelle. En tant qu'enfants, nous étions convaincus que c'était ce qui avait de mieux. Nous avions simplement confiance que les adultes qui nous entouraient avaient compris la vie. Si oncle Jo disait que notre famille avait toujours été opprimée et pauvre, nous l'avons cru. Si papi disait qu'on ne pouvait faire confiance à personne et que tout le monde ne faisait que mentir, nous l'avons cru. Si maman disait que tous les hommes étaient violents et enclins à la colère, nous l'avons crue. Si un enseignant disait que nous n'étions pas créatifs ou intelligents, nous l'avons cru.

La plupart de nos croyances les plus ancrées en nous, ne nous ont pas été enseignées, elles nous ont été transmises. Nous avons observé et, en l'absence de preuves contraires, nous sommes arrivés à nos propres conclusions basées sur les limites de notre expérience personnelle.

Comme nous n'avions aucun moyen de comparaison, nous en avons conclu que c'est ainsi que le monde tourne. Si papa frappait maman quand il perdait son sang-froid, cela semblait normal. Si maman couvrait papa quand il était ivre et manquait au travail, cela semblait normal. Si dans notre famille, on utilisait la manipulation émotionnelle de façon subtile pour nous forcer à nous comporter de telle ou telle manière, nous en avons conclu que c'est ainsi que l'on devait fonctionner avec les autres. Si nous ne parlions jamais de nos émotions dans notre famille, c'était normal. Nous en sommes venus à penser que c'est ainsi que le monde fonctionne même si nos perceptions des choses ne sont ni saines ni justes. Aujourd'hui, ces croyances et ces schémas basés sur la honte vous affectent toujours à moins que vous ayez pris le temps de les remettre en cause. C'est une fois que vous les avez identifiés, vous pourrez réagir en conséquence.

BRISER LE CYCLE

Pour le meilleur ou pour le pire, nos parents nous transmettent ce qu'ils ont reçu de leurs parents. Si nous

Les problèmes non résolus sont toujours retransmis.

ne remettons jamais en cause ces modèles, nous les retransmettrons à nos enfants. Les problèmes non résolus sont toujours retransmis. C'est pourquoi tant de gens répètent les mêmes erreurs que leurs parents ont faites, même s'ils se sont juré que ça n'arriverait jamais. Nous vivons à partir de toutes les croyances et les habitudes que nous avons développées. Nous pouvons essayer de faire des choix différents, mais nous agissons tous en fonction de ce que nous croyons. Si vous avez des croyances dysfonctionnelles, vous vous retrouverez avec des conséquences dans votre vie qui le seront aussi. Si vous voulez briser un cycle basé sur la honte, vous devez identifier les croyances erronées que vous avez héritées de votre famille et les remplacer par un nouveau système de croyance, un système basé sur la vérité.

Reconnaître les erreurs de nos parents peut sembler déloyal à leur égard ou simplement ingrat. Il peut être difficile d'admettre que nos parents se soient trompés. L'objectif ici n'est pas de vous monter la tête contre vos parents parce qu'ils n'ont pas assuré. Le but est d'identifier les mauvaises croyances et systèmes de pensée fondés sur la honte que nous avons pu adopter à notre insu et qui nous limitent maintenant. En découvrant ces croyances, vous constaterez probablement qu'elles se sont développées en réponse à des difficultés ou des blessures dans la vie de vos parents. Si vous avez été contrarié par vos parents, si vous ressentez qu'ils sont responsables de votre mauvais départ dans la vie, le fait de reconnaître quel a été *leur* passé peut vous aider à comprendre qu'ils ont certainement fait de leur mieux en essayant de gérer tout ce que la vie leur avait donné.

Mon grand-père a eu la polio enfant et a perdu sa capacité de marcher. Afin de retrouver sa mobilité, il a été opéré gratuitement dans un hôpital loin de chez lui, dans le sud de la Louisiane. Ses parents l'ont emmené à l'hôpital, mais comme ils étaient pauvres, ils n'ont pas pu se permettre de rester à ses côtés. Alors ils sont rentrés chez eux. Mon grand-père, encore jeune enfant, a été opéré et est resté dans cet hôpital seul pendant des semaines. Je sais qu'il a dû se sentir perdu et effrayé. Il s'est probablement senti abandonné aussi. Cette intervention chirurgicale a changé sa vie et plus tard, il a connu un grand succès sur le plan financier. Il a fait un excellent travail en s'occupant de sa famille et il a été extrêmement généreux avec ses petits-enfants. Mais la plus grande partie de sa vie, il l'a vécue dans un état d'angoisse perpétuel, inquiet pour sa propre sécurité. Parce qu'il était handicapé physique, il avait souvent recours à une manipulation émotionnelle subtile pour obtenir ce qu'il voulait. Ma grand-mère était également handicapée, elle avait donc des défenses similaires.

Ma mère a grandi avec cette tension. Il y avait un courant sous-jacent de peur et de culpabilité dans son foyer. Personne n'a jamais cherché à remettre quoi que ce soit en cause. C'était très discret et subtil. Ma mère a intégré cette angoisse, croyant qu'elle devait être hyper vigilante, toujours à l'affût du danger. Lorsque j'étais à l'école primaire, elle a souffert d'anxiété. J'ai ressenti ce stress. Mais je ne l'ai pas compris. Je me souviens que je me demandais si ma mère allait mourir. C'était beaucoup pour un enfant à assumer. A ce moment-là, une partie de cette anxiété m'a été transmise.

Heureusement, ma mère a décidé de rompre les cycles de culpabilité, d'anxiété et de honte dans ma famille. Elle a décidé qu'elle n'allait pas nous les transmettre. Elle a pris la décision courageuse de se faire aider. Elle a beaucoup prié. Mais le plus grand pas qu'elle ait fait, c'est quand elle et mon père ont obéi à Dieu et ont déménagé avec leurs enfants au Guatemala, pays déchiré alors par la guerre, pour y être missionnaires. Ce n'était certainement pas l'endroit idéal pour quelqu'un qui souffre d'anxiété ! Mais cette décision courageuse a été un grand pas en avant pour notre famille. Maman a remporté la victoire sur sa peur en obéissant à Dieu et a établi une nouvelle norme.

Vous pouvez faire la même chose.

Si vous décidez d'être courageux, d'adopter une nouvelle mentalité et d'établir un nouveau standard dans votre famille, vous deviendrez alors un modèle pour votre entourage. Votre famille peut, au début, ne pas comprendre ce qui se passe. Elle pourrait même se fâcher et vous accuser de penser que vous êtes mieux qu'elle. Certains vous rappelleront toute la honte qui repose sur votre famille. Ils vous rappelleront d'où vous venez et comment vous rejetez votre histoire. Ils vous conseilleront de revenir sur terre. Ne les écoutez pas ! Ne les laissez pas vous décourager. Soyez gentils, mais prouvez-leur le contraire en établissant une nouvelle norme dans votre famille. Soyez celui ou celle qui emmène votre famille vers un autre niveau.

Maman a rompu un cycle d'anxiété et de culpabilité dans notre famille et l'a remplacé avec le courage et la confiance. Elle a changé ses croyances et elle a changé l'avenir de notre famille. Et je lui en serai éternellement reconnaissant ! Bien sûr, il lui est arrivé de se tromper parfois. Quel parent est exempt d'erreurs ? Il y a eu des moments, en particulier quand elle souffrait d'anxiété, où elle n'a pas su comment faire face à ma forte personnalité. Elle avait recours à ce qu'elle avait appris de son père et de sa mère : la manipulation émotionnelle. Mais maman s'est rendu compte qu'elle n'avait plus à vivre comme ça. Elle a commencé à vivre en sachant qui elle était vraiment en Christ. Et nous avons tous été bénis par qui elle est réellement.

C'est ce qui vous arrivera, à vous aussi, si vous prenez la même décision pour votre famille.

DÉTERRER LES SQUELETTES FAMILIAUX

J'aime l'histoire du roi Josias. Il devint roi de Juda à l'âge de huit ans. Josias venait d'une famille dysfonctionnelle. Son grand-père Manassé était connu pour être l'un des hommes les plus impies qui aient gouverné Juda. Les auteurs de la Bible ne se sont pas retenus en décrivant les échecs de son grand-père. « Manassé les égara sur une mauvaise voie en sorte qu'ils firent encore plus le mal que les peuples étrangers que l'Eternel avait exterminés au profit des Israélites. »[4]Quelle épitaphe ! Les dés semblaient pipés pour Josias, depuis le début.

Au moment où Josias est arrivé sur le trône, sa famille avait conduit le pays dans la tourmente. Juda avait complètement oublié Dieu et adorait les idoles dans le temple de Yahvé. Mais à l'adolescence, Josias a décidé qu'il était temps de rompre le cycle. Il a pris les choses en main en détruisant les idoles dans tout le pays. Il a détruit des autels que son propre grand-père avait construits. Il a rétabli le culte de Yahvé comme le seul vrai Dieu.

Mais l'œuvre de Josias n'était pas encore terminée. Il l'a poursuivie en faisant quelque chose à la limite du maniaque. « A cette occasion, regardant autour de lui, Josias vit les tombes qui se trouvaient là sur la montagne, alors il fit exhumer les ossements des tombes et les brûla sur l'autel pour le profaner. »[5] Vous avez saisi ? Josias a déterré des personnes mortes et a brûlé leurs os. *Berk* ! C'était le grand-père de quelqu'un qu'il a déterré !!

Pourquoi tant de violence ? Eh bien, en lisant plus loin, vous découvrirez qu'il s'agissait des ossements des prophètes païens qui avaient fait beaucoup de mal à Israël. Je ne peux m'empêcher de me demander si Josias, en réagissant avec autant de vigueur, ne voulait pas déraciner symboliquement le mal que ses parents avaient causé. C'est comme s'il disait : « Le dysfonctionnement s'arrête ici ! »

Pour tous ceux qui prennent les choses à la lettre, permettez-moi de vous dire ceci : surtout, n'allez pas creuser les tombes dans votre cimetière municipal ! Je pense que vous devriez plutôt envisager de faire quelques fouilles symboliques. Commencez à explorer votre histoire familiale. Commencez à explorer les mentalités de votre famille. Qu'est-ce que les gens qui vous ont élevé croient sur le fonctionnement de la vie ? Que pensent-ils des relations, de l'argent, du travail et de Dieu ?

Comme un archéologue soigneux, faites des fouilles. Traitez le passé avec douceur et prudence. Interviewez cette tante qui semble détenir tous les secrets de famille dont personne ne veut parler. Commencez humblement à interroger les membres de votre famille sur leur histoire. Mettez-vous à la place de ceux qui ont eu une influence sur vous. Une fois que vous en savez davantage sur leur histoire, essayez d'imaginer ce que cela aurait été de grandir dans leurs circonstances. Découvrez à quelles difficultés vos parents et grands-parents ont dû faire face.

Posez-leur des questions du style :

« Quels événements historiques difficiles les membres de ma famille ont-ils vécus ? »

« Ont-ils été impliqués dans des conflits mondiaux ? Des guerres ? »

« Est-ce que mes grands-parents ont grandi durant une période économique difficile ? »

« Y-a-t-il des membres de ma famille qui ont souffert de maladies ou de douleurs chroniques ? »

« Les membres de ma famille étaient-ils des immigrants ? Si oui, quel type d'environnement ont-ils quitté dans leur pays d'origine ? Guerre, violence des gangs, ruine économique ? »

Puis posez-vous cette question : « Avec quel angle du triangle de la souffrance, mes parents se débattent-ils ? Abandon, rejet, humiliation ? »

Ne sous-estimez jamais comment de tels événements ont pu façonner votre propre histoire. Rappelez-vous, il n'est pas déloyal d'admettre que votre famille a commis des erreurs. Nous avons tous des problèmes. Mais cela ne signifie pas que les problèmes et les mentalités du passé doivent nous affecter le reste de notre vie.

> *Lorsque nous identifions ce qui nous affecte, nous pouvons le changer.*

Lorsque nous identifions ce qui nous affecte, nous pouvons le changer.

La phase suivante de ce processus est bien plus agréable ; elle vous aidera à développer votre compassion et votre compréhension concernant les défis auxquels les membres de votre famille ont été confrontés. Vous verrez pourquoi ils ont développé leurs mécanismes de défense pour couvrir la honte. Mais plus important encore, vous commencerez à voir que les défenses et les mentalités qui vous ont été transmises n'ont pas à définir qui vous êtes. Je suis absolument certain que si vous acceptez et reconnaissez toute votre histoire — aussi bonne, mauvaise ou laide soit-elle — Dieu la rachètera. En fait, il la transformera pour en faire quelque chose qui rendra le monde meilleur.

INTERVENTION DIVINE

Joseph, le fils de Jacob, venait d'une famille très dysfonctionnelle. Il y avait du favoritisme, de la tromperie et de la manipulation. Et comme si cela ne suffisait pas, ses propres frères l'ont jeté dans une fosse, l'ont vendu comme esclave, puis ont menti à leur père à propos de ce qu'ils avaient fait.

La famille de Joseph a complètement bousillé la vie de ce jeune homme. Il a été emmené dans un autre pays, vendu et traité comme un animal. Mais ce n'est pas tout. On a sali sa réputation, menti à son sujet. Il a passé des années en prison pour un crime qu'il n'avait pas commis. La famille de Joseph semblait avoir détruit son avenir.

Jusqu'à ce que Dieu intervienne.

A travers une révélation divine, Joseph fut promu, du jour au lendemain, au poste du deuxième personnage le plus puissant d'Egypte. Quelques années plus tard, ses frères y sont venus chercher de l'aide et de la nourriture alors que la famine sévissait dans leur pays. Joseph a saisi ce que Dieu était en train de tramer pendant toutes ces années. Il a dit à ses frères : « Vous aviez projeté de me faire du mal, mais par ce que vous avez fait, Dieu a projeté du bien en vue d'accomplir ce qui se réalise aujourd'hui, pour sauver la vie à un peuple nombreux. »[6]

Dieu veut faire la même chose pour vous et votre histoire familiale. Il veut vous donner votre propre révélation divine qui vous propulsera dans tout ce qu'il a en réserve pour vous. Vos antécédents familiaux vous ont peut-être freiné jusqu'à maintenant, mais si vous voulez être honnête et identifier à quel moment votre vie a pris un mauvais tournant, Dieu peut racheter même les pires choses qui vous soient arrivées. Et vous transmettrez ce nouvel héritage de rédemption à votre propre famille.

PRENEZ LA DÉCISION

Maintenant, imaginez ce qui pourrait advenir si vous décidiez de faire cette démarche en disant : « Je mets fin ici et maintenant à la lignée familiale de dysfonctionnement. » Imaginez ce qui pourrait advenir si vous arriviez à identifier les dysfonctionnements et les mauvaises façons de penser avec lesquels votre famille a vécu pendant des années — manipulation émotionnelle, cupidité, colère, anxiété, dépression — et à reconnaitre que leur influence limite ce que pourrait être votre vie ! Vous pourriez alors vous en débarrasser en vous appropriant ce dont ce livre traite, à savoir la vraie liberté en Christ. Pensez à la différence que cela ferait dans la vie de vos enfants, vos petits-enfants. Pensez au message que vous pourriez transmettre au reste de votre famille. Pensez à la paix qui serait la vôtre de savoir que vous n'allez pas répéter les mêmes erreurs et adopter les mauvaises façons de penser qui vous ont limité.

C'est un nouveau jour. Et vous êtes une nouvelle personne en Christ. Vous êtes qui *Il* dit que vous êtes.

Maintenant, je sais que vous êtes tous sur les starting-blocks, prêts à changer l'avenir de votre famille. Mais ne sautez pas la phase du travail d'exploration. Prévoyez du temps pour explorer votre histoire familiale. Commencez par poser des questions avec sagesse. N'ignorez pas votre héritage. Mettez par écrit ce que votre famille pense au sujet du temps, du travail, de l'argent, des relations et de

Dieu. Essayez de comprendre ce qui s'est passé dans leur vie qui leur a fait croire ce qu'ils croient. Ensuite, écrivez ces croyances que vous avez héritées ou adoptées qui vont à l'encontre de ce que Dieu dit être vrai. Si vous avez vécu avec un système de croyance erroné, il est temps de le changer !

Et ce changement commence *maintenant*. Nous allons à présent étudier le plan de bataille qui apportera un changement durable à votre vie.

L'ART DE LA GUERRE

Un vrai chrétien est celui qui a non seulement la conscience en paix mais aussi son for intérieur en guerre. Il peut être connu par ses combats aussi bien que par sa paix.

— J.C. RYLE, ÉVÊQUE ANGLICAN

Le jeu chinois du *Wei Qi* existe depuis plus de 2 500 ans. Les Japonais appellent ce jeu *Go*. Partout en Chine, j'ai vu des gens y jouer. Deux joueurs reçoivent au départ cent quatre-vingts « pierres », sur une grille de dix-neuf sur dix-neuf. Un joueur reçoit des pierres noires, l'autre des blanches. A première vue, cela ressemble aux échecs, mais quand on gagne au *Wei Qi*, on gagne par confrontation indirecte. Contrairement aux échecs, où vous attaquez et enlevez les pions de votre adversaire, *Wei Qi* adopte une approche beaucoup plus nuancée. Vous gagnez en encerclant votre adversaire à divers endroits du plateau. Wei Qi signifie en réalité le « jeu qui encercle ».

Ce jeu est tellement ancré de la culture chinoise que David Lai, professeur à l'*Army War College* en Pennsylvanie, est convaincu que si vous voulez vraiment comprendre la stratégie de la politique mondiale chinoise, la clé serait de regarder les règles du jeu *Wei Qi*. Les dirigeants chinois ont choisi au cours de l'Histoire la version longue du jeu qui consiste à encercler leurs adversaires sans confrontation directe. La théorie de Lai était si convaincante que même le grand diplomate Henry Kissinger a adopté ce cadre-là pour comprendre la stratégie de la politique mondiale chinoise.

La façon dont vous gagnez au *Wei Qi* ressemble beaucoup aux stratégies d'un général chinois nommé Sun Tzu, auteur d'un petit livre intitulé *The Art of War* (L'art de la guerre). Ce livre est rempli de toutes sortes d'instructions ésotériques de type Zen, telles que :

> « *Si vous connaissez l'ennemi et que vous vous connaissez vous-même, vous n'avez pas à craindre le résultat de cent batailles.* »

« L'art suprême de la guerre est de faire plier l'ennemi sans se battre. »

Sun Tzu dit que les guerres sont gagnées en combattant à un niveau supérieur. « Les guerriers victorieux gagnent d'abord et ensuite partent en guerre, tandis que les guerriers vaincus partent en guerre d'abord et cherchent ensuite à la gagner. » Honnêtement, le livre me semble un peu trop passif. Je préfère la confrontation directe. Ne tournons pas trop longtemps autour du pot. Prenons le problème à bras le corps. J'aime croire que je peux conquérir et maîtriser tout ce que je confronte. J'ai tendance à aborder les changements dans ma vie avec cette même stratégie de confrontation directe.

Le problème, c'est que malgré tous mes efforts, il y a toujours des aspects dans ma vie que je n'arrive pas à maitriser. Malgré toute ma bonne volonté, je bataille toujours avec la colère. Je suis enclin au manque de confiance en moi. J'essaie d'être quelqu'un que je ne suis pas. Je retombe dans mes vieilles habitudes. Vous êtes humain, donc je sais que vous pouvez me comprendre. Peut-être commencez-vous à vous demander si le changement est réellement possible.

Dans ce qui est probablement l'un des passages les plus pertinents de la Bible, l'apôtre Paul parle de cette frustration à laquelle nous sommes tous confrontés : « Je ne comprends pas ce que je fais : je ne fais pas ce que je veux, et c'est ce que je déteste que je fais… » [2]

Nous en avons tous fait l'expérience. Ça devient décourageant. Combien de livres de développement personnel avons-nous lus qui nous ont aidés pendant quelques jours ou quelques semaines, mais que nous avons finalement mis de côté ? Combien de conférences et de sermons avons-nous entendus qui nous ont motivés à changer une bonne fois pour toutes ? Mais nous ne changeons pas. Du moins pas comme nous le souhaiterions. Voici la bonne nouvelle : Les gens *peuvent* changer, mais je pense que la raison pour laquelle la plupart n'y arrive pas, c'est que nous nous méprenons. Nous travaillons à partir du modèle occidental de confrontation directe. Alors je crois que pour arriver à un changement réel et durable, nous devrions nous rapprocher de la tactique du Sun Tzu.

LA DYNAMIQUE DU CHANGEMENT

Lors d'une séance d'orientation concernant mes études en relation d'aide, un professeur à la voix doucereuse a fait asseoir tous les nouveaux étudiants en cercle. Il nous a demandé pourquoi nous voulions rejoindre ce programme. Toutes sortes de raisons ont fusé. Le professeur en a pris note en confirmant qu'elles étaient bonnes, mais s'est ensuite un peu assombri et a déclaré : « Ne vous faites pas trop d'illusions concernant la différence que vous pourrez apporter dans la vie des gens. Ils ne changent pas vraiment. Vous ne verrez de réels changements que dans trois à cinq pour cent des personnes avec lesquelles vous travaillerez. »

Même si à cette époque, je n'étais pas une personne très optimiste de nature (je me suis amélioré), ce que disait cet homme ne m'a pas plu. Est-ce vraiment aussi mauvais que ça ? Nous changeons tous d'une façon ou d'une autre n'est-ce pas ? Quoi ? J'aime à penser que j'ai un peu changé.

Mais plus j'en ai appris sur le changement, plus j'en suis venu à comprendre pourquoi il avait fait cette remarque. Les statistiques ne sont pas prometteuses. Un changement durable et vrai dans une personne est en réalité assez rare. Nous avons tous été déçus lorsque quelqu'un que nous aimons a promis de changer, a fait des efforts, puis est retombé dans ses anciennes habitudes. Nous avons aussi été déçus de nous-mêmes. Il est difficile d'être optimiste quant à notre capacité de changement lorsque nous faisons face à la réalité. Mais, alors que j'étudiais pour obtenir ce diplôme, j'ai été témoin de quelque chose *de visu* qui m'a convaincu que ce vieux professeur bien gentil avait tort. Les gens peuvent changer. En parallèle avec mes études, j'ai travaillé en tant que pasteur associé. Dans l'église où je servais, il y avait un gars nommé Chuck. Honnêtement, je voulais vraiment le virer de l'église, (Oui, j'étais au fond un horrible pasteur, mais écoutez la suite.)

Lorsque Chuck ne se tenait pas dans le hall de l'église, fumant sa clope ou se plaignant de la météo, il agaçait les gens du foyer en médisant sur tout, y compris sur l'église. Il n'a jamais assisté à un seul culte. Il trainait juste dans le foyer des oreilles à qui se plaindre. Lors d'une réunion avec le staff, je l'ai convoqué et lui ai demandé de quitter l'église, mais il n'en a pas tenu compte. J'ai donc donné la consigne au service d'ordre de l'empêcher de pénétrer dans le foyer. Mais d'une manière ou d'une autre, il réussissait toujours à se faufiler et à continuer d'embêter son monde.

Alors je me suis dit que je devais me résoudre à faire avec. Paul, l'apôtre, avait bien eu une épine dans sa chair[3], et maintenant, c'était mon tour, hélas ! Mais quelque chose d'étonnant s'est passé. Chuck a découvert qu'il avait une maladie en phase terminale. Pour y faire face, il a commencé à rencontrer une conseillère de notre église du nom de Catherine.

A ce moment-là, j'avais dû m'absenter deux dimanches de suite. Quand je suis revenu, je ne pouvais presque pas reconnaître Chuck. Il semblait plus grand, son visage brillait et le mec me souriait ! On ne cessait de me rapporter qu'il faisait des excuses aux personnes qu'il avait blessées ou offensées. Les gens qui l'avaient évité comme la peste le fréquentaient désormais et l'appréciaient. Totalement sidéré par ce que je voyais, je suis allé voir Catherine. « Mince alors ! Qu'est-ce qui lui est arrivé ? »

Cathy a souri et a dit quelque chose du genre : « Il est devenu courageux et a décidé de changer. Il a fait face à son passé et a pardonné. »

Chuck est mort quelques mois plus tard. De nombreuses personnes ont assisté à ses funérailles. Beaucoup d'entre elles, quelques mois auparavant, le méprisaient. Mais là, elles faisaient son éloge mentionnant combien les excuses qu'il leur avait présentées les avaient touchées et elles témoignaient du puissant changement opéré dans sa vie. Il était devenu une source d'inspiration pour des centaines de personnes de notre église.

Bien sûr, les statistiques disent qu'il est presque impossible de changer, mais Dieu, lui, dit autre chose.

LE PRIX DU CHANGEMENT

Changer est difficile. Un changement positif et durable ne se fait pas par un claquement de doigts. Cela demande de l'intentionnalité et de la concentration. Il nous faut de la jugeote, car cela commence à un endroit que nous ne pouvons pas voir. Comme le dit Richard Foster, « le changement nécessaire en nous est le travail de Dieu, pas le nôtre. Il s'agit d'un travail intérieur, et seul Dieu peut travailler de l'intérieur. »[4]

Vous pouvez changer votre environnement — emménager dans une nouvelle ville, trouver un nouvel emploi, faire peau neuve ou gagner plus d'argent — mais cela ne résoudra jamais les vrais problèmes qui vous retiennent. Parce que nous ne luttons pas contre la chair et le sang ou ce que nous voyons. .[5]

Le reproche principal de Jésus aux pharisiens, c'est qu'ils ne s'attachaient qu'à l'extérieur. « Rien de ce qui vient du dehors et qui pénètre dans l'homme ne peut le rendre impur. C'est, au contraire, ce qui sort de l'homme qui le rend impur ! » Jésus passe en revue une liste de péchés, puis il dit : « Tout ce qui sort du dedans… rend l'homme impur. »[6] Jésus a dit clairement que notre vrai problème est caché profondément dans notre cœur.

Vous ne pourrez jamais vaincre le pouvoir de la honte et la fausse image que vous avez de vous-même par une confrontation directe ou par la puissance de votre volonté.

Vous ne pourrez jamais vaincre le pouvoir de la honte et la fausse image que vous avez de vous-même par une confrontation directe ou par la puissance de votre volonté. Aucune modification de comportement ou relation d'aide n'apportera de changement durable. Vous pourrez peut-être changer quelques habitudes ici et là, mais pour vaincre les modèles et les croyances erronées qui sont profondément enracinés en vous, il vous faudra utiliser un autre type d'approche.

« NOUS LES FERONS CHANGER ! »

Je vais faire une parenthèse pour une leçon d'histoire et de philosophie.

Lorsque Mao Tsé- Toung entra à Pékin (aujourd'hui Beijing) en janvier 1949, il dirigeait une force militaire massive connue sous le nom d'Armée populaire de libération. Mao liquide l'ancien régime de Tchang Kaï-chek qui s'enfuit avec 600 000 de ses partisans dans l'île de Formose (aujourd'hui Taiwan). Sur le continent, Mao s'empare de la Chine et crée un gouvernement communiste.

Peu de temps après la révolution, Mao commence à persécuter les chrétiens et les membres d'autres religions. L'idéologie communiste pure est fondée sur l'athéisme. Karl Marx a dit que la religion était comme une drogue pour le peuple, qui les éloignait de la réalité[7]. Le communisme philosophique pur et le christianisme sont profondément en désaccord parce que le communisme repose sur une philosophie appelée le matérialisme dialectique. Cette philosophie dit que rien n'existe à part la matière physique, ses mouvements et ses modifications. Fondamentalement, une chose n'est réelle que si vous pouvez la voir, la goûter, la toucher… La philosophie matérialiste enseigne que toutes les croyances et toutes les philosophies sont le résultat direct de ce qui peut être physiquement perçu. Donc, si vous voulez changer les croyances ou les comportements de quelqu'un, vous devez changer son environnement, c'est-à-dire ce qui peut être vu.

Le christianisme dit tout le contraire. Les chrétiens croient qu'il existe un monde spirituel très réel et invisible qui impacte le monde matériel physique. Jésus a enseigné que vous pouvez changer et ceci, quelle que soit la laideur de votre environnement, parce que le changement commence de l'intérieur. Mais si vous ne croyez pas en une réalité spirituelle, votre seul recours sera de changer les choses de l'extérieur.

Et il y a beaucoup de gens qui adhèrent à cette idée. Après tout, c'est plus facile. Vous pouvez voir les modifications externes, vous avez donc l'impression d'obtenir des résultats immédiats. Mais lorsque vous essayez de changer le monde invisible des pensées, des émotions et des désirs en changeant le monde matériel, l'histoire a démontré que cette façon de faire produira toujours des résultats désastreux et ce, malgré toute votre bonne volonté.

Selon les estimations les plus prudentes, plus de 30 millions de Chinois (oui, *millions* !) sont morts pendant la révolution de Mao. Pour mettre cela en perspective, c'est dix pour cent de la population actuelle des Etats-Unis. Ce qui est le plus fou, c'est que ces morts n'ont pas eu lieu durant la révolution pour renverser les anciens dirigeants de la Chine. Ben non ! Ce fut le résultat direct des réformes mises en œuvre par Mao lui-même, l'homme qui était censé libérer la Chine !

Comparez la révolution chinoise à une autre révolution qui a commencé deux mille ans plus tôt. Israël cherchait un sauveur pour les libérer de l'oppression romaine. Jésus est entré en scène et a parcouru les régions d'Israël, attirant des foules immenses et enseignant un nouveau Royaume. Ce qu'il disait était confirmé par la puissance qu'il avait de guérir et de chasser les démons. Cela a attiré l'attention des gens.

Les gens étaient de plus en plus convaincus que ce n'était qu'une question de temps avant que Jésus les libère des Romains. Mais l'armée que Jésus a rassemblée n'a jamais cherché à prendre les armes. En fait, lorsque son disciple Pierre a voulu dégainer une épée, Jésus l'a réprimandé : « Remets ton épée à sa place... car tous ceux qui se serviront de l'épée mourront par l'épée. » [8]

Lorsque Jésus est entré à Jérusalem le dimanche des Rameaux, il a reçu un accueil digne d'un roi. Mais quelque chose ne tournait pas rond. Plutôt que de monter sur un étalon blanc, ce roi a fait son entrée, monté sur un âne.

Malgré tout, la foule agitait des branches de palmier, pour accueillir l'homme qui allait certainement libérer le peuple de ses oppresseurs.

Pourtant, quelques jours plus tard, cette même foule a fait volte-face. Elle a vu Jésus qui semblait avoir perdu la tête. Au lieu d'attaquer les Romains, Jésus attaquait le système religieux de son propre peuple. Le peuple était tellement désillusionné que quelques jours plus tard, il a supplié ses oppresseurs de crucifier Jésus.

Jésus avait un plan de bataille différent. Au lieu de millions de personnes mortes dans une guerre sanglante ou à travers des réformes sociales agressives, Jésus a mené une autre sorte de révolution. Une révolution où un seul homme est mort. Et grâce au pouvoir de sa mort, nous avons été libérés du péché et de la honte. Jésus pardonne. Il restaure Il rachète. Il nous donne une nouvelle identité.

Notre travail consiste à marcher dans cette nouvelle identité, notre véritable moi en Christ. Curieusement, même si tout cela est un travail de l'Esprit de Dieu en nous, nous avons un rôle à jouer pour devenir ce que nous sommes en Christ. Parce que la transformation durable ne se produit que lorsque nous nous associons à Dieu et que nous lui donnons libre accès dans notre vie.

ENTRER DANS LE MONDE INVISIBLE

Durant notre séjour à Beijing, nous nous rendions chaque dimanche dans une église appelée « Beijing International Christian Fellowship (BICF) ». Le gouvernement chinois autorise uniquement les étrangers à fréquenter cette église anglophone. Si vous voulez y aller, vous devrez présenter votre passeport avant d'entrer. Des personnes venant d'un grand nombre de pays viennent assister au culte en anglais.

C'est lors de notre participation à BICF que j'ai découvert pour la première fois le livre *Eloge de la discipline*, écrit par Richard Foster. Le timing ne pouvait pas être plus parfait. Le livre de Foster cadrait parfaitement avec ce que j'apprenais du faux moi et sur comment devenir la personne que je suis vraiment, selon Dieu.

Richard Foster a débuté son livre par ces mots : « La superficialité est la malédiction de notre époque... Le besoin le plus drastique d'aujourd'hui, ce n'est pas qu'il y ait plus de gens intelligents ou doués, mais des gens profonds. »[9] Le monde entier est centré sur les apparences. Nous aimons les choses qui mettent notre *look* à son avantage. Il existe des dizaines d'émissions de télévision sur les transformations et les relookings. C'est attrayant de voir quelque chose de misérable se transformer en quelque chose d'agréable, esthétiquement parlant.

J'ai entendu quelqu'un dans l'une de ces émissions dire : « Une fois que vous vous sentirez mieux dans votre aspect extérieur, vous vous sentirez mieux dans votre être intérieur. » *Hum...* C'est une pensée intéressante, mais chaque jour, je parle à des gens qui ont fière allure vue de l'extérieur — ils sont beaux et intelligents, certains sont des sommités dans leur champ d'expertise — mais une fois que vous les connaissez, vous voyez qu'ils sont aussi insécurisés, déprimés et dépassés que tout un chacun.

Travailler à améliorer les apparences n'apportera qu'un changement superficiel. Nous avons besoin d'une solution qui traite le problème de l'intérieur.

LES TROIS PARTIES DE L'ÊTRE HUMAIN

Genèse 1 : 27 dit que nous avons été créés à l'image de Dieu. C'est une vérité complexe, difficile à saisir dans sa totalité par notre intelligence limitée. Mais il y a un élément dans cette vérité qui va nous aider à comprendre comment un changement durable peut se produire. Dieu est trois en un. Et nous aussi. L'apôtre Paul parle de ces trois parties lorsqu'il prie :

« Que le Dieu de paix vous rende lui-même entièrement saints et qu'il vous garde parfaitement esprit, âme et corps pour que vous soyez irréprochables lors de la venue de notre Seigneur Jésus-Christ. »[10]

Nous sommes esprit, âme et corps, tout en un. La manière la plus simple de comprendre à quoi cela ressemble est de penser à une cible à trois anneaux.

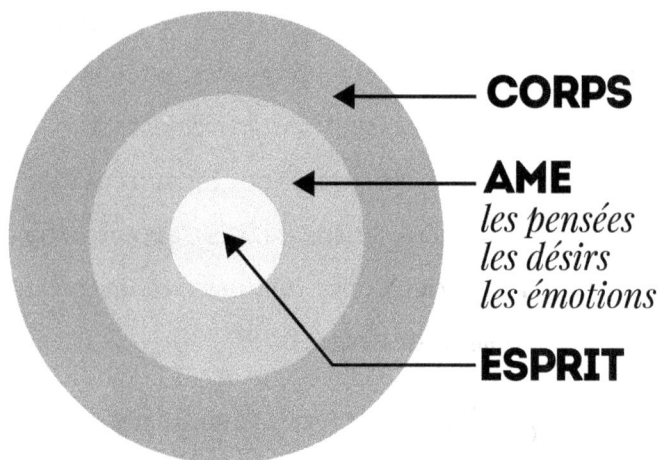

CORPS

AME
les pensées
les désirs
les émotions

ESPRIT

L'anneau externe représente le corps ou la chair. C'est ce que nous voyons. Nous l'habillons, l'entretenons par des exercices physiques, le nourrissons et faisons de notre mieux pour qu'il présente bien devant les autres. C'est grâce à lui, à travers nos sens, le toucher, le goût, l'ouïe, la vision et l'odorat, que nous rassemblons les informations sur le monde qui nous entoure.

Juste à l'intérieur de cet anneau externe du corps se trouve l'âme. C'est le premier élément invisible de notre être. Le mot grec utilisé par Paul pour l'âme est *psychè*. De nombreux mots dans notre vocabulaire viennent de ce mot grec. La psychologie est l'étude de l'âme.

Watchman Nee, un grand leader chrétien qui est mort en martyr après avoir été livré aux mains du gouvernement communiste chinois, avait identifié trois parties dans l'âme : les pensées, les désirs et les émotions. [11] Nous ne pouvons pas voir les pensées, les désirs ou les émotions, mais nous pouvons voir ce qui en découle. Nous prenons des décisions en fonction de nos pensées et de nos désirs. Nous réagissons suite à des émotions. Une grande partie de ce que nous faisons dans notre corps est directement liée à ce qui se passe dans notre *psychè* c'est-à-dire notre âme.

Mais l'âme n'est pas tout. Il y a une partie encore plus profonde en nous. Au centre de ces cercles, l'œil de taureau, c'est l'esprit. C'est là que va naître le changement durable. Selon Paul Tournier, « la vraie guérison intérieure… ne se trouve pas au niveau de la psychologie, mais uniquement dans la sphère de l'esprit. » [12]

Avant de recevoir le don du salut en Christ, nous étions « morts à cause de nos fautes ». Mais lorsque nous avons reçu le don du Christ, Dieu « nous a fait revivre les uns les autres avec Christ. »[13] C'est à ce moment-là, que nous sommes déclarés justes par sa grâce.[14] Quand il me voit (ou vous voit), c'est comme si je n'avais jamais péché. Nous demandons pardon. Dieu nous l'accorde. C'est une affaire réglée. A ce moment-là, vous êtes réconcilié avec Dieu. Vous êtes l'enfant de Dieu. Parfait. Sans péché. C'est votre nouvelle identité. C'est votre moi véritable.

Jean l'exprime de cette façon : « Mes chers amis, dès à présent nous sommes enfants de Dieu et ce que nous serons un jour n'a pas encore été rendu manifeste. Nous savons que lorsque Christ paraîtra, nous serons semblables à lui, car nous le verrons tel qu'il est. »[15]

Vos péchés sont pardonnés, votre esprit est vivant en Christ, mais ce n'est que le début. A partir de là, nous sommes embarqués dans un processus qui durera toute notre vie. Ce processus consistera à aligner nos émotions, nos désirs, nos pensées et nos actions sur l'Esprit de Dieu qui vit en nous. Comme Ed Welch l'explique, « lorsque vous êtes touché, vous êtes changé. Et hop ! En un clin d'œil ! Mais réaliser ce que Jésus a fait peut prendre un certain temps pour quelques-uns d'entre nous.[16] Nous sommes de nouvelles créatures en Christ. La plénitude de sa puissance est en nous. Désormais, il est temps que nous fassions nôtre cette réalité. Nous devons nous débarrasser de notre ancienne mentalité étriquée, basée sur la honte et faire nôtre cette puissance qui va définir qui nous sommes vraiment en Christ.

RAMÈNE-MOI À CE QUE JE CONNAIS

Dieu a manifesté sa puissance de façon assez époustouflante pour libérer les enfants d'Israël de l'oppression et de l'esclavage en Egypte. Ils sortirent avec des paniers remplis de butin et la tête haute. Mais quelques jours après cette étonnante délivrance, les enfants d'Israël suppliaient déjà Moïse de retourner en Egypte, où ils avaient été esclaves.[15] Ils aspiraient à ce qui leur était familier, même si c'était l'esclavage. Nous sommes tous enclins à faire de même. Nous oublions à quel point notre situation d'alors était terrible. Une femme l'a exprimé en ces mots : « Je sais que ma vie était un désastre là-bas. Mais au moins, je connaissais le nom de toutes les rues. »

Les enfants d'Israël étaient hors d'Egypte, mais il a fallu quarante ans dans le désert pour faire sortir l'Egypte de leurs pensées. Nous essayons tous de nous libérer de nos anciennes habitudes.

Les enfants d'Israël étaient hors d'Egypte, mais il a fallu quarante ans dans le désert pour faire sortir l'Egypte de leurs pensées.

Dans *Tactique du diable*, C.S. Lewis raconte une histoire fictive d'un démon dont le travail consiste à garder les humains esclaves sous la puissance de Satan. Dans une lettre en particulier, son mentor, chef démon, craint que son apprenti ne permette à son « protégé » de devenir chrétien. Cependant, il ajoute : « Il n'y a pas lieu de désespérer ; des centaines de ces convertis adultes ont été récupérés après un bref séjour dans le camp de l'ennemi et sont maintenant avec nous. Toutes les *habitudes* du protégé, qu'elles soient mentales et physiques, jouent toujours en notre faveur. »[18]

La honte et le péché ont peut-être perdu la bataille en ce qui concerne notre destinée éternelle, mais si nous ne voulons pas embrasser notre nouvelle identité, nous retomberons dans l'esclavage de notre faux moi. C'est trop facile de revenir à ce qui est familier.

Pierre a reçu une nouvelle identité et une nouvelle destinée en passant du temps avec Jésus. Lui qui était un pêcheur bourru est devenu pêcheur d'hommes. Mais quand ils sont venus arrêter Jésus, Pierre a retourné sa veste et est retombé dans ses anciennes habitudes. Il a sorti une épée et l'a brandie. Nous apprenons beaucoup de choses sur ce qu'il y a au fond de nous lorsque nous sommes stressés. Il est plus facile d'*agir* comme un chrétien que de *réagir* en tant que tel. Ces réactions nous révèlent si nous vivons avec notre vrai ou notre faux moi.

On raconte l'histoire d'un célèbre sculpteur de marbre à qui on a demandé comment il avait réussi à faire des figures aussi réalistes. Il a répondu : « J'élimine simplement tout ce qui ne ressemble pas à la sculpture que je crée. » Au fond de nous, il y a la plénitude de l'Esprit de Dieu. Il est déjà là. Nous avons déjà son image imprimée en nous. Le travail numéro un de la vie chrétienne est de laisser Dieu nous débarrasser de nos défenses de repli sur soi, d'autosatisfaction, de contrôle et de les échanger contre l'amour, la joie, la paix, la patience, la bonté, la douceur et la maîtrise de soi. [19] C'est ce dont parle Paul quand il dit : « Faites donc fructifier votre salut, avec toute la crainte qui s'impose… Car c'est Dieu lui-même qui agit en vous, pour produire à la fois le vouloir et le faire conformément à son projet bienveillant. »[20] Nous sommes de nouvelles créatures en Christ. Désormais, nous devons devenir la personne que nous sommes déjà.

Cela signifie que nous devons aligner nos pensées, nos désirs et nos émotions avec ce que Dieu dit que nous sommes dorénavant. C'est un renouvellement total. C.S. Lewis compare ce processus ainsi : vous demandez à Jésus de venir réparer votre maison, mais après avoir réparé les fuites et la plomberie, il commence à démolir les murs et à ajouter des pans entiers. Ce processus est inconfortable et vous vous demandez : « Mais qu'est-ce qu'Il fait donc ? L'explication est qu'Il construit une maison bien différente de celle à laquelle vous pensiez… Vous pensiez que vous alliez devenir une petite maison décente mais en réalité, Il est en train de construire un palais. Il a l'intention de venir y faire Sa demeure. »[21]

Voici le paradoxe de toute cette rénovation : tout ça, c'est le travail de Dieu, mais nous avons en même temps

> *Nous sommes de nouvelles créatures en Christ. Désormais, nous devons devenir la personne que nous sommes déjà.*

un rôle à jouer. Notre rôle passe par la discipline. Plus précisément, la discipline spirituelle.

Lorsque vous voulez devenir fort physiquement, vous vous disciplinez, vous vous entraînez et faites attention à ce que vous mangez. Lorsque vous voulez devenir spirituellement fort, c'est un processus identique. C'est un processus lent d'étirement, de détermination ; vous veillez soigneusement au « régime alimentaire » de votre âme. Et si vous tenez bon, vous verrez des changements.

UNE CONSTRUCTION LENTE

Mon épouse Emily et moi avons vécu au Pérou pendant quelques années. Au début, j'étais constamment malade. Nous vivions à 3400 mètres d'altitude. C'est dur pour votre corps. Un jour, j'ai décidé que j'en avais assez. Je voulais sérieusement me prendre en main et manger correctement. Un ami et moi avons décidé d'aller à la gym chaque jour. Il y avait des jours où je ne voulais pas y aller parce que j'étais fatigué. Mais mon ami m'a poussé. J'ai pris sur moi. Au bout de quelques mois, les gens ont commencé à me dire que j'avais l'air différent, mais moi je ne m'en rendais pas compte. En me regardant jour après jour, je ne pouvais pas noter de grands changements.

Puis, finalement j'ai noté quelques résultats. Je ne tombais plus malade ! Et puis, je prenais de la carrure et je devenais plus fort. Cette transformation s'est faite lentement, sans que j'y prenne garde. Ce n'est que lorsque j'ai vu une photo de moi quelques mois auparavant que j'ai réalisé que quelque chose avait changé. J'avais gagné en muscles !

Les disciplines spirituelles fonctionnent de la même manière. Elles vont porter du fruit petit à petit et ce ne sera pas par la force de votre volonté. Le changement de comportement ne sera pas non plus immédiat. Les disciplines spirituelles, c'est Dieu qui change vos désirs et vos pensées au plus profond de vous-même. Si vous adhérez à ce processus et vous pratiquez les disciplines, vous vous rendrez compte un jour que vous n'avez plus de difficulté à contrôler votre colère. La maîtrise de soi devient simplement une partie de qui vous êtes. Vous n'avez pas à vous forcer à la compassion, cela va de soi. Vous n'avez pas à combattre constamment la convoitise ou la peur. Ces pensées ne sont plus là. Réagir comme Jésus le faisait, devient une seconde nature, ou plutôt votre nouvelle nature.

Alors, quelles sont exactement les disciplines spirituelles ?

Les disciplines spirituelles sont des exercices spirituels qui nous préparent à l'œuvre transformatrice de Dieu dans notre vie. Elles nous donnent la force pour marcher en alignement avec notre nouvelle identité. Dallas Willard les décrit comme « des activités de l'esprit et du corps que nous décidons d'entreprendre pour amener notre personnalité et notre être entier à coopérer, de manière efficace, avec l'ordre divin… »[22]

J'ai appris à conduire sur des routes de campagne étroites. J'étais stressé à l'idée de mordre la ligne blanche. Mon père m'a appris que lorsque l'on conduit, on se dirige toujours vers ce sur quoi l'on se concentre. Si vous regardez la ligne blanche, vous allez vous déporter vers elle. Donc, le secret est de choisir un point fixe loin devant vous et de le regarder. Concentrez-vous sur ce point fixe et vous resterez naturellement dans la voie qui est la vôtre.

Les disciplines spirituelles fonctionnent de la même manière. Grâce à elles, nos yeux seront fixés sur la vérité de Dieu et sur ce que nous désirons vraiment devenir. Si nous nous concentrons sur *ce que nous ne sommes pas* et sur tout ce qui a besoin d'être changé en nous, nous finirons par nous déporter et mordre la ligne. Nous vivrons dans la condamnation. Les disciplines spirituelles nous donnent un nouvel objectif. Lorsque nous les pratiquons, nous avançons vers l'idéal du Christ et nous devenons qui nous sommes vraiment. Nous changeons. Nous nous dirigeons vers le point que nous voulons atteindre. Nous devenons de plus en plus comme Lui.

FAIRE VOTRE PART

La première partie de ce livre portait sur le fait d'identifier ce qui vous retient. Ce qui vient ensuite, c'est une stratégie pour aller de l'avant. Ce n'est pas quelque chose de nouveau. Elle existe depuis longtemps. G. K. Chesterton a dit un jour : « Le christianisme n'a pas été essayé et jugé insuffisant ; on l'a jugé difficile et on ne l'a pas essayé. »[23] Les disciplines que je suis sur le point de partager avec vous sont la solution aux problèmes dont nous avons parlé dans la première moitié de ce livre. Elles marchent mais elles demandent du travail, de la discipline (d'où le nom !). Mais si vous adhérez à ce processus, elles seront source de force et de liberté.

Une remarque : Si vous avez lu d'autres livres sur les disciplines spirituelles et que vous pensez « Oh, encore ça ? Mais je connais tout ça ! », s'il vous plaît, oubliez ce que vous pensez savoir. Ne pensez pas en termes d'obligation, de devoir et de religion. Pensez en termes de résultats finaux. Pensez à libérer votre potentiel. Je sais, je sais… Cela semble égoïste. « Est-ce vraiment juste de penser aux bienfaits que vont m'apporter ces disciplines spirituelles ? Ne devrais-je pas plutôt me concentrer sur Dieu ? » Mais ce n'est pas être égoïste que d'accepter le projet que Dieu a pour vous.

Le roi David nous dit de ne pas oublier les bienfaits que nous recevons quand nous nous alignons sur le plan qu'il a en réserve pour nous. [24] Les rêves de Dieu pour vous sont bien plus grands que les rêves que vous avez pour vous-même. Peu d'entre nous saisissent tout le potentiel que Dieu a placé en nous, mais Lui le connait. Et il veut que vous l'utilisiez au maximum. Tout ce que Dieu vous demande est pour votre bien. La discipline spirituelle est le moyen de donner à l'Esprit de Dieu une liberté totale dans votre vie. Dieu est glorifié à travers votre changement. Et quand il est glorifié, nous sommes dans la joie. En d'autres termes, nous sommes bénis par la paix, la confiance, l'intimité. On se soucie davantage de ce que Dieu pense que de ce que pensent les autres.

Alors, quel est le plan de bataille pour libérer la puissance de tout ce que Dieu dit que vous êtes vraiment ? C'est quelque chose que j'appelle le triangle de la liberté.

PARDON

COMMUNAUTE **SOLITUDE**

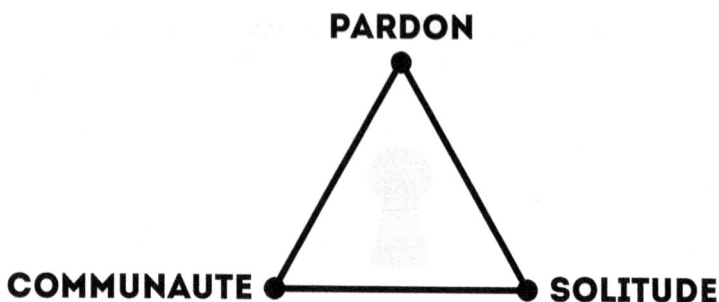

Lorsque nous pratiquons le pardon, la solitude et le vivre ensemble, nous marchons dans notre véritable identité en Christ. Mais il s'agit de pratiquer ces trois angles du triangle. Pratiquer un ou deux angles peut vous procurer une certaine liberté. Mais Jésus est venu pour vous offrir une liberté totale. Heureusement, c'est lui qui achèvera le travail. [25]

La transformation totale commence avec la pratique de ces trois disciplines. Alors, voyons comment celles-ci peuvent influencer votre vie.

CHAPITRE 6

LA PUISSANCE DU PARDON

Être chrétien, c'est pardonner l'inexcusable, parce que Dieu a pardonné l'inexcusable en vous.

— C.S. LEWIS

Un de mes objectifs avait toujours été de dormir dans une yourte, la tente ronde utilisée par les nomades en Mongolie. Durant notre deuxième mois en Chine, j'ai décidé que c'était maintenant ou jamais. Je ne retrouverais certainement jamais plus une telle opportunité. Ainsi, notre équipe est montée dans un train qui a pris la direction du nord. Celui-ci a emprunté une section du Chemin de Fer Transsibérien qui va de Beijing jusqu'en Mongolie pour ensuite traverser la Russie. Vers minuit, nous sommes arrivés à la frontière entre la Chine et la Mongolie. On nous annonce que le train va s'arrêter un certain temps pour contrôle technique. Alors nous sommes descendus du train pour explorer la petite ville d'Erlian.

Mis à part quelques bars à karaoké, peu de boutiques étaient ouvertes dans la ville frontalière poussiéreuse à la lisière du désert de Gobi. Donc, une heure plus tard, je suis retourné à la gare. Le reste de l'équipe voulait continuer de se balader. Une fois arrivé, j'ai été pris de panique en constatant que le train était déjà prêt à repartir ! Son conducteur klaxonnait. Les agents me faisaient signe de monter à bord sans tarder. On repartait. Je devais arrêter ce train à tout prix ! En utilisant mon énorme vocabulaire de treize mots en chinois, j'ai fait tout ce que j'ai pu pour faire reculer le départ du train. Mais sans succès. Il a commencé à s'ébranler. Alors, j'ai fourré nos passeports entre les mains d'un agent pensant qu'il ne sifflerait pas le départ sans nous les avoir rendus et j'ai sauté du wagon avant qu'il ait pu me les rendre. C'était un pari, mais c'était tout ce à quoi je pouvais penser. Je suis retourné en ville à la recherche des autres. J'étais tellement anxieux de les retrouver que, par inadvertance, j'ai couru sur une dalle de béton humide !

J'ai passé en revue tous les bars de karaoké du coin pour finalement retrouver l'équipe dix minutes plus tard. Je pouvais entendre le train en gare siffler encore et encore. Nous avons sprinté à travers la ville et avons pu monter à bord de justesse. Quelques instants plus tard, nous roulions en direction de la Mongolie. Je me rappellerai toujours de ce dernier appel ! Mon cœur a battu la chamade pendant les vingt minutes qui ont suivi.

Je me demande souvent ce qui serait arrivé si ce train était reparti dans la nuit sans nous, nous laissant au milieu de nulle part en Chine et sans passeport…

Mais pour quelle raison ce train s'était-il arrêté ? A cause de cet arrêt, on aurait pu rester coincés au milieu de nulle part ! C'était pour un changement de roues. Ils ont soulevé le train entier, enlevé les roues, puis en ont posé de nouvelles. Et pourquoi avaient-ils besoin de changer les roues ? Eh bien, à l'époque où la Mongolie était contrôlée par l'Union soviétique, les chinois utilisaient différentes tailles de rail pour ne pas être envahis par les Russes. Il n'y a qu'une différence de 7 cm et quelques entre les deux types de rail, mais si vous ne changez pas ces roues, votre train ne franchit pas la frontière.

J'ai rencontré des personnes qui sont restées coincées à la frontière de leur vie. Une expérience — une blessure, une injustice, une trahison, peu importe — a fait dérailler leur vie et elles ont laissé cette expérience les définir. Elles n'arrivent pas à lâcher prise et cela les bloque. Le non-pardon, c'est cette différence de 7 cm qui vous empêche d'avancer. Mais la décision de pardonner, c'est ce « changement de roues » qui vous permet de continuer à avancer.

LES EAUX BOUEUSES

Il y a quelques années, j'ai conduit un groupe de *Summit Leaders* originaire du monde entier faire du rafting dans le Grand Canyon. Notre aventure a commencé à deux heures environ du nord de Flagstaff, en Arizona. A notre point de départ, le canyon n'a que quelques centaines de mètres de profondeur. L'eau est limpide comme du cristal avec une belle teinte verte. Tellement transparente, que vous apercevez le lit de la rivière. Après des consignes de sécurité et quelques conseils de base, nous partons pour un voyage de six jours le long du canyon. Mais après trois kilomètres, notre guide nous montre quelque chose sur la droite. « On dirait que le Paria coule ; Dites « au revoir » à l'eau claire ! »

J'ai détourné mon regard et j'ai aperçu un ruisseau d'eau boueuse qui se jetait dans la rivière Colorado. En un rien de temps, notre belle rivière claire était devenue brune et laiteuse, et n'a pas changé de teinte jusqu'à la fin de notre voyage de six jours. Ce petit cours d'eau saisonnier, boueux, situé en amont du fleuve, transforma le puissant fleuve Colorado en bouillie.

Le roi Salomon dit : « Par-dessus tout, veille soigneusement sur ton cœur, car il est à la source de tout ce qui fait ta vie. »[1] Notre cœur est censé être pur et clair. Cela fait partie de notre nouvelle identité. Mais si nous ne sommes pas prudents, les blessures et l'amertume pollueront notre cours d'eau. Une offense, une trahison, une déception ou un échec peuvent entacher les eaux pures de notre cœur et nous laisser désabusés.

Lorsqu'on ne pardonne pas l'offense, elle se transforme en ressentiment. Lorsque nous avons du *ressentiment*, nous *ressentons* cette émotion encore et encore. Nous revivons l'événement. Et le ressentiment peut avoir des conséquences désastreuses, non seulement sur notre âme, mais aussi dans notre corps.

LE PRIX DU NON-PARDON

Il y a quelques années, l'église pour laquelle je travaillais a embauché un sans-abri. Il a fait du bon travail. Nous lui avons donc donné un endroit où vivre et il est rentré dans le staff. Il était piquant et avait des tendances paranoïaques, mais lentement et sûrement, il s'est adouci. Lui et moi sommes devenus amis et finalement il a accepté Christ. Il voulait vraiment plaire à Dieu, mais son passé lui faisait encore mal. Lorsque les choses devenaient difficiles, il retombait dans ses vieilles habitudes de colère et ne se retenait plus. Parfois, il disparaissait pendant quelques jours, puis revenait plein de remords.

Un jour, il est entré dans mon bureau et s'est penché vers moi en faisant une drôle de tête. « Je ne peux pas travailler aujourd'hui. Mon dos me fait encore mal. Et je sais pourquoi. C'est parce que je ne veux pas pardonner à ma sœur. Dieu me punit. »

Ce n'était vraiment pas le moment de me lancer dans une conversation théologique à savoir si Dieu est l'auteur de la souffrance ou s'il l'autorise. Alors je lui ai juste demandé de m'en dire plus. Sa sœur l'avait blessé profondément. Nous avons parlé de la puissance du pardon et il a commencé à se calmer. Mais pris à nouveau par la colère, il s'est levé. « Je

sais que Dieu me punit pour ça. Mais je ne démordrai pas !
Elle m'en a trop fait baver ! » Il est sorti comme un ouragan
de mon bureau. Il a consulté un médecin qui lui a prescrit
des médicaments contre la douleur, il a repris le travail et
nous n'avons plus jamais reparlé de cette affaire.

Je ne suis pas convaincu que sa théologie concernant
Dieu qui punit par la souffrance soit juste mais sur la base
de ce que la science a révélé concernant le pouvoir négatif
du non-pardon, il est fort probable que sa douleur physique
ait un certain lien avec son ressentiment.

Charlotte Witvliet, professeure au *Hope College*, a
demandé à soixante et onze étudiants soit de se rappeler
d'une injustice dont ils ont été les victimes, soit de
pardonner à quelqu'un qui les a fait souffrir. Elle a constaté
que, « quand les étudiants étaient bloqués avec le non-
pardon, la pression artérielle [des sujets] augmentait,
leur fréquence cardiaque également, leurs muscles se
tendaient et les sentiments négatifs s'intensifiaient. » « En
revanche, la volonté de pardonner avait tendance à calmer
les émotions autant que les réactions somatiques. » Elle en
a conclu que « le fait de tolérer le non-pardon entraîne un
coût émotionnel et physiologique. Cultiver le pardon peut
réduire ces coûts. »[2]

Se concentrer sur une pensée, la repasser sans cesse dans son esprit, cela s'appelle *ruminer*. Le mot *ruminer* a deux significations : 1) Penser profondément à quelque chose, et 2) Faire remonter et mâcher à nouveau ce qui a déjà été mâché et avalé. Les vaches et les moutons sont des ruminants. Ils continuent à manger les mêmes aliments encore et encore en les mâchant, en les avalant, puis en les faisant remonter dans leur bouche et en les mâchant un peu plus. *Miam, miam* !

En ruminant des pensées blessantes et négatives, c'est comme si vous mâchiez la même nourriture répugnante encore et encore. Selon un psychologue, « la rumination est le mauvais garçon de la santé mentale. Il est associé à presque tout ce qui ne va pas dans le domaine de la santé mentale : trouble obsessionnel-compulsif, anxiété, dépression… et probablement aussi l'urticaire. »[3]

Se cramponner au ressentiment et au non-pardon, c'est comme boire du poison et penser que c'est la personne qui vous fait du mal qui va mourir. Vous êtes le seul à souffrir par ce non-pardon.

LA FONDATION

Le christianisme repose sur l'acte conscient et volontaire d'un homme qui a pris sur lui le péché de ceux qui l'ont blessé et qui a choisi de ne pas leur faire de reproche. Jésus n'a pas tenu compte de l'offense. Il est notre exemple de pardon.

Le vrai pardon n'est pas facile. En fait, il est franchement difficile. Jésus en sait quelque chose. A un moment donné, il a supplié Dieu en ces termes : « O Père, si tu le veux, écarte de moi cette coupe ! Toutefois, que les choses se passent, non pas comme moi je le veux, mais comme toi tu le veux. »[4] S'il existait un autre moyen que le pardon, Jésus l'aurait probablement considéré. Vous connaissez cette douleur émotionnelle et cette culpabilité que vous ressentez à cause de vos propres échecs et à cause des personnes qui vous ont blessé. Pouvez-vous imaginer ce que ce serait que de porter ce genre de poids pour chaque personne ayant vécu sur terre depuis le commencement du monde ?

Jésus a pris le dur chemin du pardon parce qu'il savait que c'était la volonté de Dieu pour lui et pour le monde. C'était un acte d'obéissance. « Bien qu'étant Fils de Dieu, il a appris l'obéissance par tout ce qu'il a souffert. »[5] Jésus a pardonné et il nous dit « Eh bien, va et agis de même. »[6] Le voyage pour embrasser son vrai moi, exige de pardonner aux autres et à soi-même. Pas seulement une fois, mais encore et encore.

Quand Pierre a demandé combien de fois il devait pardonner à quelqu'un qui le blessait, Jésus a raconté l'histoire d'un homme qui devait une somme énorme à un roi. Comme il ne pouvait en aucun cas payer cette dette, il a demandé au roi de lui faire grâce. Celui-ci lui a remis toute sa dette, simplement parce qu'il lui en avait fait la demande. Mais juste après qu'il eut quitté le palais, cet homme a rencontré quelqu'un qui lui devait une petite somme d'argent. Apparemment, le gars avait des pertes de mémoire à court terme ! Il avait oublié à quel point il venait d'être pardonné. Il a pris l'homme qui lui devait de l'argent à la gorge et l'a envoyé en prison pour non-paiement. La nouvelle vint aux oreilles du roi qui rappela l'homme dans son palais. Le roi était furieux. « Serviteur mauvais ! lui dit-il. Tout ce que tu me devais, je te l'avais remis parce que tu m'en avais supplié. Ne devais-tu pas, toi aussi, avoir pitié de ton compagnon, comme j'ai eu pitié de toi ? »

Le roi a ensuite remis cet homme qui ne pardonnait pas entre les mains des geôliers pour qu'il soit torturé. Au cas où cette histoire manquerait de clarté, Jésus nous donne le sens de son récit : « Voilà comment mon Père céleste vous traitera, vous aussi, si chacun de vous ne pardonne pas du fond du cœur à son frère [ou sa sœur]. »[7] Le ressentiment peut ressembler à une torture. Et Dieu n'enlèvera pas ce sentiment de torture si nous choisissons de ne pas pardonner. L'essentiel de l'histoire : Le pardon n'est pas une option pour les chrétiens. Et, comme avec tout ce que Dieu nous demande, le pardon *est* bon pour nous. Cela nous libère de la douleur de vivre avec le passé.

LE LÂCHER PRISE

Il y a plusieurs années, j'ai été profondément blessé par un pasteur pour lequel j'avais travaillé. Je savais que je devais lui pardonner. Je me suis ouvert à un conseiller. Je lui ai dit que j'avais pardonné à ce pasteur, que j'avais fait de mon mieux pour oublier l'offense. Mais au fond de moi, je sentais que si j'effaçais l'ardoise, je lui donnais l'occasion de s'en tirer à bon compte. Cela allait à l'encontre de tout sens de justice en moi. En y repensant, je me rends compte que j'étais agacé à l'idée que Dieu lui pardonnerait ce qu'il avait fait. Dans mon esprit, ce pasteur ne le méritait pas. Puis j'ai réalisé, en portant un regard honnête sur moi-même, que j'étais comme ce serviteur impitoyable dont parlait Jésus dans la parabole. Je n'avais pas confiance en Dieu pour que justice soit faite. Alors j'essayais de me faire, moi-même, justice.

Pendant plusieurs mois, j'étais accroc au ressentiment pour ce qu'il avait fait. Ce n'était pas un bon sentiment, mais je continuais à me vautrer dans la misère. Je me sentais piégé et désarmé. Jour après jour, je me lamentais et me plaignais de toutes les horreurs que ce pasteur nous avait fait endurer, à ma famille et à moi-même. J'étais empêtré.

Cela a pris plus de temps que c'aurait dû, mais j'ai finalement décidé de libérer cet homme de la prison dans laquelle je pensais l'avoir placé. En réalité, c'était *moi* qui étais emprisonné. A partir du moment où je lui ai vraiment pardonné et que j'ai lâché prise, j'ai retrouvé mon optimisme et j'ai repris espoir. C'était comme si un brouillard de dépression s'évanouissait. Puis, j'ai commencé à considérer toutes les possibilités qui s'offraient à moi.

Ce n'est que quelques jours après avoir pris la décision de pardonner et que je me suis assis à mon bureau et que, en une dizaine de jours, j'ai écrit un livre entier ! Ce fut le premier de mes livres à être publié. Je crois qu'il y avait une corrélation directe entre le choix que j'ai fait de pardonner et le fait que Dieu me donnait de pouvoir réaliser un désir cher à mon cœur. Le fait d'avoir écrit ce livre a permis de me lancer dans ce que je fais aujourd'hui en tant que coach de développement personnel, écrivain et conférencier. Mais pour en arriver là, j'ai dû me débarrasser du passé. Ce qui est vrai pour moi est aussi vrai pour vous.

Pour avancer, vous devez lâcher prise et pardonner.

PASSER LE TEST

Quelqu'un a dit une fois que surmonter une expérience douloureuse, c'est comme traverser des barres de singes : il faut lâcher prise à un moment donné pour avancer. Le pardon est souvent le test que Dieu utilise pour voir si vous êtes prêt à atteindre le prochain niveau de votre vie.

Test ?

Oui, Dieu nous teste.

Dieu ne nous fait jamais de mal, mais il permet que le mal soit utilisé pour nous amener là où il nous veut. Il permet que nous rencontrions dans notre vie des défis afin de nous tester. Il serait facile de penser que Dieu est méchant en nous testant. Mais il a tous les droits du monde pour le faire. Comme ce roi, il a pardonné notre énorme dette. Nous ne méritions rien. Rien. Dieu déborde de grâce et nous accorde de merveilleuses bénédictions.

Cependant, il ne nous donnera pas une chose pour laquelle nous ne sommes pas prêts. Il a en réserve une destinée pour notre vie et il sait ce qu'il va nous falloir pour y arriver. Alors il nous teste et nous prépare, pour notre bien. Dieu ne désespère jamais de nous. Si vous ne réussissez pas le test du premier coup, il vous le fera repasser encore et encore jusqu'à ce que vous soyez fin prêt pour les bonnes choses qu'il a prévues pour vous. (Tant qu'à faire, essayez de le réussir du premier coup pour ne pas avoir à le repasser !) Votre destin dépend de votre capacité à pardonner !

Nelson Mandela a passé vingt-sept ans de sa vie en prison sous l'apartheid sud-africain. C'est plus d'un quart de sa vie passée en prison. De plus, son emprisonnement était totalement injuste. Heureusement pour le monde, il a compris la puissance et l'importance du pardon. Voici ce qu'il a dit : « Alors que je me dirigeais vers le portail qui me mènerait vers ma liberté, je savais que si je ne laissais pas mon amertume et ma haine derrière moi, je serais toujours en prison. »[8] Et il est devenu Président de l'Afrique du Sud. Au lieu d'utiliser le pouvoir qui était désormais entre ses mains pour se venger sur les personnes qui lui avaient fait du mal, il a apporté l'unité à un pays profondément divisé. Il est devenu un symbole de réconciliation dans le monde entier. Ce qui est arrivé à Nelson Mandela était injuste et terrible, mais sa décision de pardonner a été un exemple pour toute la nation sur la façon de s'élever et d'aller de l'avant. Votre décision de pardonner peut avoir les mêmes effets et constituer un exemple pour ceux qui vous entourent.

LES MYTHES DU PARDON

Une des déclarations les plus courantes que j'entends lorsque je travaille avec des personnes qui ont du mal à pardonner est la suivante : « Mais la personne qui m'a blessé doit s'excuser au préalable pour que je puisse lui pardonner. Elle doit reconnaître sa culpabilité. »

C'est ici que l'exemple de pardon de Jésus est si puissant. Alors qu'il était pendu à la croix, après avoir été trahi par ceux-là mêmes qu'il était venu aider, il a dit : « Père, pardonne-leur, car ils ne savent pas ce qu'ils font. »[9] Jésus a pardonné avant même que nous lui demandions pardon. Je suis convaincu que c'est le modèle du véritable pardon. Nous devons pardonner avant que ceux qui nous ont fait du mal ne sachent qu'ils sont pardonnés. Nous les libérons simplement, qu'ils demandent ou non pardon.

Il est possible que la personne qui vous a blessé ne vienne jamais vous présenter ses excuses, qu'elle n'admette jamais sa culpabilité. Si la personne qui vous a blessé est un parent décédé ou un criminel qui n'a jamais été attrapé, il n'est pas possible d'espérer des aveux. Dans de nombreux cas, il est dangereux et imprudent de confronter la personne qui vous a blessé.

La bonne nouvelle est que vous n'avez pas besoin que l'autre reconnaisse sa culpabilité avant de pouvoir lui pardonner. Le pouvoir de pardonner est entre vos mains, ici et maintenant. Rappelez-vous que vivre à partir de qui vous êtes vraiment, commence toujours de l'intérieur pour aller vers l'extérieur. Etre une personne qui pardonne fait partie de votre nouvelle identité en Christ. Votre vrai moi est une personne qui pardonne parce que Dieu vous donne la grâce de pardonner, si vous l'acceptez. Même si les circonstances ou votre environnement ne changent pas, vous pouvez marcher dans la liberté du pardon.

Voici un autre mythe au sujet du pardon. « Je pardonnerai quand je sentirai que c'est juste de le faire. » Je déteste devoir vous le dire, mais ce bon sentiment ne viendra probablement jamais. Le pardon ne résulte pas d'un sentiment mystique de « bon feeling ». Au contraire, c'est l'opposé. Le « bon feeling » de pardon ne viendra qu'après *avoir choisi* de pardonner et de vous rappeler constamment la décision que vous avez prise.

Lorsque vous prenez la décision de pardonner, c'est une bonne chose de faite. Vous avez pardonné. Maintenant, vivez en conséquence, même si vos sentiments ne suivent pas. Ne pensez pas que vous faites semblant en attendant... Vous avez décidé en toute bonne conscience d'être une personne qui pardonne en Christ, et cette personne est votre véritable moi. Donc, vous marchez constamment dans le pardon.

Nous ne pouvons pas pardonner et oublier, nous pardonnons et choisissons de nous rappeler ce qui s'est passé avec pardon.

Le dernier mythe du pardon est une parole que la plupart d'entre nous avons entendue si souvent que nous ne réalisons même pas à quel point elle est erronée. Le mythe est le suivant : « Pardonne et oublie ! ».

Je vais être franc : vous ne pouvez pas pardonner et oublier. C'est impossible. Votre esprit est trop puissant pour que vous puissiez oublier. Il se souvient toujours. Si vous passez votre vie à essayer d'oublier ce qu'un tel vous a fait, en pensant qu'il s'agit du véritable pardon, vous vivrez sans cesse dans la culpabilité. Nous ne pouvons pas pardonner et oublier, nous pardonnons et choisissons de nous rappeler ce qui s'est passé avec pardon.

DANS LES TRANCHÉES DU PARDON

Le pardon est une décision. Vous n'avez pas besoin de ressentir une certaine chaleur avant de pardonner. Vous n'avez pas besoin de laisser passer du temps. Vous décidez simplement : « Je vais pardonner. » J'aimerais vous proposer quelques étapes pratiques pour vous aider dans ce processus.

Le pardon commence en admettant : « J'ai été blessé. »

C'est difficile à admettre, surtout si vous vous considérez comme une personne forte. Admettre que nous avons été blessés, nous donne l'impression d'être vulnérables. Mais une fois que vous avez le courage d'admettre que vous avez été blessé, vous avez entre vos mains la possibilité de pardonner.

L'étape suivante consiste à admettre *comment* vous avez été blessé. Vous devez en fait donner un nom à la blessure et à la honte : « J'ai été trahi. » « On m'a menti. » « J'ai été abandonné. » « J'ai été rejeté.» Vous devez vous exprimer à voix haute. Si vous le souhaitez, vous pouvez utiliser ces phrases comme exemples :

Le nom de la personne a trahi ma confiance et l'a utilisée pour profiter de moi. Elle m'afait du mal.

Le nom de la personne m'a menti et a ensuite colporté des mensonges à mon sujet. Elle m'a fait mal.

Le nom de la personne a trahi la confiance de ma famille. Elle a blessé ma famille.

Le nom de la personne m'a abandonné. La personne qui aurait dû me protéger m'a laissé seul.

C'est un parcours intense, alors je ne vous recommande pas de le faire seul. Demandez à un leader spirituel ou à un conseiller professionnel qui reconnait la nécessité du pardon, de faire ce cheminement avec vous. Quand j'ai choisi de pardonner à ce pasteur, mon amie et conseillère Catherine s'est tenue à mes côtés tout au long de ce parcours.

Admettre un préjudice implique un deuil, sujet que nous traiterons plus en détails dans la section suivante. Il va sans dire que le deuil peut être douloureux. Nous devons reconnaître ce que nous avons perdu. Nous devons exprimer notre tristesse face à cette perte qui nous fait souffrir. C'est pourquoi beaucoup de gens décident de ne pas faire cette démarche. Mais croyez-moi, garder du ressentiment vous fera souffrir davantage que la douleur temporaire de reconnaitre ce que vous avez perdu et d'en faire le deuil.

Après avoir reconnu ma souffrance et ce que j'avais perdu, Catherine m'a dit de formuler à nouveau les circonstances dans lesquelles ce pasteur m'avait blessé, puis elle m'a demandé d'ajouter une dernière déclaration à la fin : « Mais je choisis de lui pardonner pour tout le mal qu'il m'a fait. »

C'était bizarre de dire tout ça à haute voix. Mais le soulagement que j'ai ressenti a été incroyable. C'était comme si j'avais retrouvé l'espoir et des perspectives d'avenir. Je n'étais pas une victime. Je choisissais de pardonner à quelqu'un qui m'avait blessé. C'était mon choix. Plus important encore, j'embrassais la grâce de Dieu pour pardonner et pour libérer la paix dans ma vie.

Et puis il y a une dernière étape : vous devez vous rappeler de votre décision. Rappelez-vous-en quand vous vous réveillez. Rappelez-vous-en quand vous pensez à ce que la personne a fait. Rappelez-vous-en avant d'aller vous coucher. Vous saurez que vous avez vraiment pardonné lorsque vous repenserez à la souffrance que la personne vous a infligée et que vous ne ressentirez plus aucune colère, seulement de la paix.

Le pardon mène toujours à la paix intérieure. Une paix profonde qui dépasse l'entendement.

LA SPIRALE DU PARDON

Le pardon implique le deuil. Vous avez probablement entendu parler des cinq étapes du deuil : déni, colère, expression, dépression et acceptation. Comme on les appelle « étapes », il est facile de penser que le chagrin est un processus linéaire. Etape 1, 2, 3… Cliquez. *C'est bon ! Je passe à autre chose !* Mais le processus de deuil ne suit pas ce schéma. Il ressemble davantage à une spirale. La douleur a tendance à revenir. Vous pouvez vous réveiller certains jours, des mois ou des années plus tard et être frappé par une vague de tristesse et de colère qui semble aussi intense qu'au premier jour. Cela ne signifie pas que vous n'avez pas vraiment pardonné. Cela signifie simplement que vous devez vous rappeler que vous avez choisi de pardonner. La bonne nouvelle est que la spirale deviendra de plus en plus large. Les épisodes de réminiscence vont s'espacer de plus en plus. Si la spirale revient, ne vous sentez pas coupable. C'est normal. Rappelez-vous juste que vous avez choisi de pardonner. Vous finirez par arriver au point où le souvenir de l'événement n'apportera que la paix.

LIBÉREZ-VOUS MAINTENANT

Maintenant, j'aimerais vous poser une question : à qui devez-vous pardonner ? Quelles blessures ou quels événements passés vous empêchent d'être totalement libres ? Si vous avez des souvenirs qui perturbent toujours votre paix et que vous n'avez pas encore trouvé de solution à ce sujet, il est peut-être temps de pardonner et de passer à autre chose.

Ne croisez pas les bras en espérant que la blessure disparaîtra d'elle-même. Elle ne disparaitra pas. Vous devez être proactif à ce sujet. Repensez à l'offense, même si celle-ci date. Reconnaissez ce qu'elle a engendré. Laissez-la tomber et décidez de pardonner à cette personne et de la libérer de ce qu'elle vous a fait.

Et voici la question vraiment importante : est-ce que vous vous pardonnez à vous-même ? Avez-vous déjà considéré comment vous vous faites du mal ? Bien sûr, vous vivez probablement avec cette souffrance, tous les jours, mais l'avez-vous déjà identifiée et nommée ? Je vous encourage à le faire. Donnez-lui un nom, puis demandez à Dieu de vous pardonner. Au moment même où vous le ferez, il vous pardonnera. Et ensuite, demandez-lui de vous aider à *vous* pardonner. N'oubliez jamais que Dieu vous a pardonné, alors vous n'avez pas le droit de ne pas vous pardonner.

> *N'oubliez jamais que Dieu vous a pardonné, alors vous n'avez pas le droit de ne pas vous pardonner.*

Donnez-vous pour objectif d'être une personne qui marche jour après jour dans le pardon. Remettez votre vie sur les rails. Embrassez votre nouvelle identité en tant que personne-qui-pardonne. Ensuite, avancez avec confiance dans les grands espaces de tout ce que Dieu a en réserve pour vous.

CHAPITRE 7

LA FORCE DANS LA SOLITUDE

Sans solitude, il est pratiquement impossible de vivre une vie spirituelle. La solitude commence par un temps et un lieu pour Dieu et pour lui seul. Si nous croyons vraiment que non seulement Dieu existe, mais qu'il est aussi activement présent dans notre vie — nous guérissant, nous enseignant, nous guidant- nous devons mettre de côté un temps et un espace pour lui accorder toute notre attention.

— HENRI NOUWEN

L'endroit le plus silencieux que je connaisse

se trouve près du glacier Rombuk, au pied du Mont Everest. Le silence était si complet que c'était, en fait, un peu *space*.

Il nous a fallu près de deux jours pour traverser les hauts plateaux du Tibet, de Lhassa à Qomolangma, le nom local du Mont Everest. J'avais mal à la tête la majeure partie du voyage alors que nous traversions des cols à 4800 mètres et parcourions de longues distances à des altitudes supérieures à 4200 mètres. Nous sommes arrivés au pied du Mont Everest juste avant le coucher du soleil, le deuxième jour. Nous avons déchargé notre équipement dans un monastère bouddhiste, censé être le plus haut monastère du monde, qui comportait une section spéciale consacrée à l'hébergement des voyageurs. Je n'oublierai jamais comment je jetais sans cesse un regard en arrière alors que je ramenais notre équipement au monastère. Les nuages s'étaient dégagés et je pouvais voir le sommet du Mont Everest, 8848 mètres au-dessus du niveau de la mer. Le soleil couchant avait créé un alpenglow orange sur le sommet enneigé. Je me souviens d'avoir pensé ceci : « Ce sommet est à 3 kilomètres au-dessus de l'endroit où je me trouve actuellement et je me sens complètement exténué. Je ne vais jamais pouvoir escalader cette montagne gigantesque ! »

Le dîner était un ragoût de viande de yak et du pain. Je n'ai presque rien mangé car l'altitude avait tué mon appétit. Cette nuit-là était si froide que ma bouteille d'eau gelait littéralement dans ma chambre du monastère. Entre le froid, les maux de tête et les trajets réguliers aux toilettes à cause de toute l'eau que j'avais descendue pour rester hydraté, je n'ai pas beaucoup dormi. Mais le soleil s'est finalement levé et il était temps d'escalader l'Everest.

Nous sommes passés devant une pancarte nous avertissant que nous serions condamnés à payer une amende de 20 000 dollars américains si nous outrepassions ce point sans autorisation appropriée… Plus nous avancions, plus notre équipe se dispatchait. A un moment, j'ai levé les yeux et j'ai réalisé que j'étais tout seul, debout à côté d'une énorme couche de glace. Quelques secondes plus tard, le soleil a éclairé le pic juste derrière moi. La chaleur m'a fait du bien, alors je me suis allongé sur un rocher. J'ai écouté.

Silence total. Immobilité totale. Solitude totale.

De temps en temps, j'entendais la glace craquer quelque part pas loin de moi alors que le soleil faisait de son mieux pour faire fondre le permafrost. Mais à part ça, c'était absolument silencieux. Je ne suis pas sûr d'avoir entendu un tel silence depuis.

Même si tout était calme autour de moi, dans ma tête c'était le chaos. Mon cerveau travaillait dur, passant en revue les plans de voyage à venir, les soucis d'argent, et ce qui se passerait une fois que je serais rentré à la maison. Il m'était difficile d'apprécier l'instant parce que je ne pouvais me résoudre à faire le vide dans mes pensées.

J'imagine que vous savez de quoi je parle. Même si vous parvenez à trouver un endroit calme ou un moment de tranquillité, arriver à calmer vos pensées est une autre histoire. Pourtant, même si trouver la solitude et le calme est difficile, c'est une compétence que tout le monde peut acquérir avec un peu de pratique.

LE POUVOIR DE PRATIQUER LA SOLITUDE

Votre esprit est comme un super-ordinateur puissant avec une mémoire illimitée. Beaucoup de scientifiques pensent que le mental n'oublie jamais rien, il stocke les données. A chaque instant, nous pouvons accéder à des souvenirs cachés au plus profond de notre inconscient. Cette capacité peut être une bénédiction mais aussi une source de luttes. Notre esprit a plutôt tendance à se remplir de pensées négatives et d'anxiété, que de la vérité concernant la personne que Dieu dit que nous sommes en Christ.

La solitude est la clé pour maîtriser votre esprit.

Dans Esaïe 30 :15, Dieu dit à Israël : « C'est si vous revenez à moi, si vous restez tranquilles, que vous serez sauvés, c'est dans le calme et la confiance que sera votre force ! »

A première vue, ce verset semble contre-intuitif. La force vient généralement de l'effort. Lorsque vous voulez développer votre force, vous devez faire travailler vos muscles contre une certaine résistance. Vous poussez et vous vous étirez. On n'a rien sans rien. Mais Dieu dit que la force spirituelle vient du calme et de la confiance.

Anders Ericsson est un psychologue qui a passé beaucoup de temps à rechercher comment des personnes deviennent expertes dans un domaine donné. Il a conclu que pour devenir un expert, il faut 10 000 heures de pratique dans son champ de prédilection. Mais pas n'importe quelle pratique. Il dit que les experts utilisent quelque chose appelée « pratique délibérée ». Dans son livre *Peak*, il parle d'une étude qui a tenté de déterminer ce qui distingue le meilleur du meilleur. Une de ses études portait sur des étudiants en violon de haut niveau ; les chercheurs ont constaté que la principale différence entre les meilleurs et les meilleurs des meilleurs était « le nombre total d'heures consacrées à la pratique solitaire. »[1] Ericsson dit essentiellement que les meilleurs qui atteignent le top du top sont ceux qui passent du temps, seuls, à travailler dans leur domaine d'expertise, pour devenir encore plus pointus.

Cela s'applique aussi à notre vie spirituelle. Vous n'atteindrez jamais un certain niveau de croissance si vous ne vous isolez pas. Si vous voulez embrasser pleinement la personne que Dieu dit que vous êtes, vous devrez prendre du temps à l'écart. Seul. Dans le calme et la confiance.

La solitude (tranquillité et confiance) est la pratique délibérée de ceux qui sont déterminés à vivre en adéquation avec leur vrai moi.

QUAND LE BRUIT S'ARRÊTE

Avez-vous déjà remarqué comment le bruit génère encore plus de bruit ? Vous arrivez dans un restaurant et il n'y a qu'une poignée de personnes. Mais au fur et à mesure que les gens arrivent, le niveau de bruit augmente. Les plats cliquètent, les gens parlent et puis il y a ce client qui rit à gorge déployée. Avant longtemps, vous criez presque pour communiquer avec la personne en face de vous et je ne parle pas de la musique d'ambiance qui remplit la salle d'un bruit de fond incessant. Même si le vacarme s'estompe un moment, la musique comble les trous.

A l'époque où j'étais leader de louange, les musiciens avaient l'habitude de s'arrêter un moment pour laisser place à un silence absolu. Un nouveau pasteur est arrivé et il m'a appelé un jour pour me dire d'arrêter de faire ce temps de silence, car cela mettait mal à l'aise l'auditoire. Je n'étais pas d'accord avec sa décision, *Lorsque le bruit s'arrête, nous devons faire face à nos pensées, nos peurs et notre insécurité.* mais sa remarque reflétait la façon dont la plupart des gens ressentait le silence. Cela les gênait. Lorsque le bruit s'arrête, nous devons faire face à nos pensées, nos peurs et notre insécurité. Alors, nous maintenons le bruit, ignorons ce qui se passe au fond de nous-mêmes et nous demandons ensuite pourquoi nous sommes dans un état d'anxiété et de stress permanent.

En 2013, Imke Kirste, biologiste dans la médecine régénératrice à l'Université Duke, a étudié l'impact des sons sur le cerveau des souris adultes. Quatre groupes différents de souris ont été exposés à divers sons : musique, appels de bébés souris, bruit blanc et silence. Tous ces sons ont eu un effet à court terme sur le cerveau des souris. Mais elle fut stupéfaite de découvrir que « deux heures de silence par jour entraînaient le développement cellulaire dans l'hippocampe [du cerveau]... L'absence totale d'intrants avait un effet plus prononcé que bien d'autres tests. » Après avoir fait d'autres investigations, elle en conclut que « le silence aide vraiment les nouvelles cellules générées à se différencier en neurones et à s'intégrer au système. »[2]

Le silence construit le cerveau. Il a un effet vital sur notre corps et notre esprit.

LA VOIX QUE VOUS VOULEZ ENTENDRE

Dans mon programme de coaching, l'une des déclarations les plus courantes des personnes qui sont en transition est la suivante : « Je souhaite juste que Dieu me parle et me dise quoi faire. » Ils veulent qu'un ange leur apparaisse ou qu'une main écrive dans le ciel. Je les comprends, moi aussi j'aimerais bien !

Mais rappelez-vous comment Dieu a parlé à Elie. Il y eut un vent puissant puis un tremblement de terre, mais Dieu n'était pas là. Finalement, Dieu a parlé *dans un murmure doux et léger.* [3] Quand Dieu parle à ses enfants, il a tendance à le faire doucement. Tranquillement.

> *Il ne cesse de parler, à nous de faire taire les bruits environnants pour écouter et prêter attention à sa voix.*

Nous voulons tous connaître la volonté de Dieu pour notre vie. Nous voulons entendre une voix céleste nous dire de façon claire et distincte ce que nous devons faire. Mais je suis certain que si cela arrivait, la plupart d'entre nous serions effrayés. La Bible relate des événements où Dieu a parlé de vive voix. [4] Mais généralement, lorsqu'il agit ainsi, c'est pour prononcer un jugement ou faire une déclaration. Quand il veut nous guider, il a tendance à le faire en chuchotant.

Il ne cesse de parler, à nous de faire taire les bruits environnants pour écouter et prêter attention à sa voix.

Richard Foster dit : « Une des raisons pour lesquelles nous avons du mal à rester silencieux, c'est que cela nous met en position de faiblesse. Nous sommes tellement habitués à compter sur les mots pour gérer et contrôler les autres... La langue est notre arme de manipulation la plus puissante. »[5]

Il y a quelque temps, Emily et moi sommes allés rendre visite à certains de ses proches aux Pays-Bas. Je suis un introverti. Malgré tout, je suis plutôt bon quand il s'agit de rencontrer de nouvelles personnes. Je raconte des blagues et j'essaie de faire en sorte que les gens se sentent à l'aise tout comme je le suis. Mais les membres de sa famille ne parlaient pas anglais, alors toutes mes aptitudes en matière de bavardage n'ont servi à rien. De plus, je suis nul quand il s'agit de mimer. Donc, il y a eu beaucoup de moments de silence, alors que nous étions assis nous regardant les uns les autres. Gênant. J'ai commencé à réaliser à quel point je dépendais des mots pour convaincre les gens, en essayant d'obtenir leur approbation. Cela fait partie de mon faux moi. Mais dans cette situation, je me sentais impuissant. Le silence m'a obligé à renoncer à contrôler le cours de la conversation.

Cette habitude de parler qui est la mienne réapparait dans mon temps avec Dieu. J'ai tendance à me précipiter dans mon « mon culte personnel » en présentant à Dieu une liste de demandes et de griefs. C'est 99% de parlote, 1% d'écoute. Paul nous dit : « Ne vous mettez en souci pour rien, mais, en toute chose, exposez vos demandes à Dieu en lui adressant vos prières et vos supplications, tout en lui exprimant votre reconnaissance. Alors la paix de Dieu, qui surpasse tout ce qu'on peut concevoir, gardera votre cœur et votre pensée sous la protection de Jésus-Christ. »[6] Nous aimons la partie qui consiste à faire connaitre à Dieu nos besoins. On a l'impression d'avoir fait quelque chose. Nous remplissons donc les ondes avec nos requêtes. Mais si nous parlons tout le temps, nous aurons du mal à écouter Bien sûr, vous pouvez présenter vos requêtes à Dieu, mais assurez-vous de lui laisser de la place pour qu'il puisse vous répondre. Laissez-lui de la place pour que vous puissiez entendre sa voix.

LA PRATIQUE DE LA SOLITUDE

Comme vous ne vivez pas dans un monastère ou sous une tente dans les montagnes Rocheuses, vous pouvez vous demander : « Mais où est-ce que je vais bien pouvoir trouver un coin de solitude ? » Nous avons notre travail, des factures à payer, des enfants qui hurlent à s'occuper, des relations à entretenir. Vous n'avez peut-être pas le luxe de passer des heures dans la nature ou dans le silence, mais vous pouvez créer de petits moments de solitude et de silence là où vous êtes. Vous devez simplement le vouloir vraiment. Voici quelques mesures pratiques que vous pouvez prendre pour pratiquer la solitude dans votre vie :

1 — FAITES-EN UNE PRIORITÉ

Dégottez-vous un temps et un lieu pour vous retrouver seul. Fixez-vous un rendez-vous ferme avec Dieu. Si vous essayez juste de glisser de la solitude dans votre vie, vous ne pourrez jamais honorer ce rendez-vous. Il doit être programmé. Cela signifie que vous devrez peut-être mettre de côté une ou deux choses ou vous coucher et vous réveiller un peu plus tôt. Vous devrez également choisir un lieu propice au silence. Un avocat qui

> *Si vous essayez juste de glisser de la solitude dans votre vie, vous ne pourrez jamais honorer ce rendez-vous. Il doit être programmé.*

participait à mon programme de coaching a décidé qu'il allait préparer son lunch au lieu d'aller au restaurant. Une fois qu'il l'avait mangé, il se faufilait dans une église proche de son travail et prenait du temps pour prier pendant la pause-déjeuner. Il en était venu à anticiper ces moments de la mi-journée passés avec Dieu.

Vous n'avez peut-être pas le luxe de sortir de la maison ou du bureau. Mais il y a d'autres possibilités. Quand vous conduisez pour aller au boulot, ne mettez pas la radio. Ou vous pouvez arriver au travail un peu plus tôt et rester un moment en silence dans votre voiture. Ou bien choisissez un fauteuil ou un coin dans votre maison qui vous sera réservé. Faites-en un lieu sacré. Faites savoir à tout le monde : « A moins que vous soyez sur le point de mourir, ne me dérangez pas quand je suis dans mon coin perso. »

2 — FIXEZ-VOUS UN OBJECTIF RÉALISTE ET ATTEIGNABLE

Lorsque vous atteignez de petits objectifs, vous créez une dynamique. Vous commencez à croire que vous êtes capable d'atteindre de plus grands objectifs. Je me suis souvent fixé des objectifs trop élevés concernant ma vie de prière. « Je vais prier trente minutes par jour ! » Je m'y attèle pendant deux jours, puis je rate une journée. Je me sens coupable et je me dis que je ferai mieux le lendemain. Mais c'est rarement le cas. Et alors je baisse les bras. Ne faites pas ça !

Donnez-vous une chance d'atteindre le but que vous vous êtes fixé. Commencez par vous fixer un objectif raisonnable. Cinq à dix minutes consacrées totalement au silence. Voyez comment ça se passe. De fil en aiguille, vos petits pas et vos petites victoires vous aideront à créer une dynamique dans votre vie de prière.

3 — FAITES TAIRE LES SINGES

Une fois que vous vous êtes arrêté et que vous êtes dans le calme, le prochain défi est ce qu'Henri Nouwen décrit comme « apaiser les singes qui sautent dans les bananiers. » Il y a quelques années, une de mes équipes, a campé dans les ruines de la jungle Yaxha, dans une cité Maya non encore explorée. Une famille de singes hurleurs semblait contrariée par notre présence. Ils ont gémi et crié pendant des heures. Ce n'est que tard dans la nuit qu'ils se sont finalement calmés et que nous avons pu retrouver la paix et la tranquillité.

Lorsque vous pratiquerez la solitude, il est possible que des « singes » viennent hurler dans votre tête : la liste des choses à faire, vos responsabilités au travail, vos inquiétudes concernant votre famille. Gardez un stylo à portée de main pour noter les éléments dont vous voulez vous souvenir. Une fois que vous les avez écrits, éloignez-les de votre esprit et revenez au silence. Si vous faites cela de façon consciencieuse, les singes finiront par se calmer. Cela devient plus facile avec le temps.

Une fois que vous aurez défini une heure, un lieu et réussi à calmer le bruit dans votre tête, vous serez en mesure de pratiquer plusieurs de ces disciplines spirituelles qui donneront à Dieu la possibilité de faire son travail dans votre cœur.

MÉDITATION

Quand j'étais enfant, on m'a dit que la méditation était un truc du *nouvel âge* et qu'elle ouvrait la porte aux esprits malins. Etre possédé par des esprits malins n'a jamais été sur ma liste de desiderata, alors j'ai évité la méditation. Toutes ces mises en garde semblaient se confirmer quand, des années plus tard, j'ai visité un monastère bouddhiste tibétain dans l'Himalaya. Ecouter leurs mantras drones me faisait flipper. Non merci pour la méditation !

Mais finalement, j'ai appris que la méditation est une pratique *chrétienne*. Les adeptes du Christ utilisent la méditation depuis 2000 ans et nous n'avons pas à en avoir peur. En fait, c'est une méthode pour communiquer avec Dieu qui a fait ses preuves.

J'aime la simple définition de Richard Foster sur la méditation : « La méditation chrétienne, pour faire simple, est la capacité d'entendre la voix de Dieu et d'obéir. »[7]

Dans la méditation orientale, l'objectif est de vider votre esprit, de devenir un vaisseau vide. La méditation chrétienne consiste à remplir votre esprit de la vérité qui découle directement de la pensée de Dieu.

Le roi David dit que lorsque nous méditons sur la Parole de Dieu, nous sommes comme un « un arbre implanté près d'un cours d'eau ; il donne toujours son fruit lorsqu'en revient la saison. Son feuillage est toujours vert ; tout ce qu'il fait réussit. »[8]

> *Si vous êtes capable de vous inquiéter, vous saurez méditer. C'est le même processus.*

Si la méditation vous semble bizarre et vous met mal à l'aise, j'aimerais vous rassurer : vous *savez* méditer. Vous l'avez fait hier soir à 2 heures du matin lorsque vous étiez réveillé, inquiet des licenciements qui ont lieu dans votre boite. Vous l'avez fait quand vous avez pensé toute la journée à la relation conflictuelle avec votre conjoint. La plupart d'entre nous sommes des inquiets de première classe. La méditation devrait donc être facile. Si vous êtes capable de vous inquiéter, vous saurez méditer. C'est le même processus.

Et en réalité, la méditation est le remède à l'inquiétude. C'est ruminer, mais ruminer sur la vérité. C'est mâcher des vérités sur qui est Dieu et sur la personne qu'il dit que nous sommes jusqu'à ce que ces vérités soient absorbées dans notre esprit et notre cœur. Et cette vérité apporte le calme et la paix.

CE QUE SEUL DIEU PEUT FAIRE

Jared était dans l'armée quand il a rejoint mon programme de coaching. Plusieurs années auparavant, il avait connu un déploiement assez traumatisant en Afghanistan. Depuis ce temps, il bataillait avec l'insomnie. Il a consulté des médecins, des conseillers et a pris des médicaments mais en vain. Il a fini par se résigner au fait qu'il aurait probablement toujours du mal à dormir.

Je ne savais pas qu'il avait ce problème. Mais comme dans le programme, nous abordons le thème de la méditation des Ecritures, il a commencé à méditer le matin et a constaté de réels bénéfices dans la journée. Il a donc décidé de prendre son temps de méditation juste avant de se coucher plutôt que de regarder la télévision ou de lire.

C'est alors que quelque chose d'incroyable s'est produit.

Pour la première fois depuis des années, il a pu dormir toute la nuit.

La méditation a fait ce que les médecins, les conseillers et les médicaments n'ont pas pu ! Quand il m'a appelé pour me raconter cette nouvelle étonnante, cela m'a immédiatement rappelé le verset Esaïe 26:3 : « A celui qui est ferme dans ses dispositions, tu assures une paix parfaite, parce qu'il se confie en toi. » La méditation a aidé Jared à vaincre l'anxiété et le stress post-traumatique. Rien n'est impossible à Dieu. Absolument rien. Il peut guérir, restaurer et apporter la paix. Sa vérité est imparable quand nous lui donnons libre cours dans notre esprit et notre cœur.

L'ÉCOLE DU DÉVELOPPEMENT PERSONNEL DE L'APÔTRE PAUL

Les gourous du développement personnel vantent la puissance des paroles d'affirmation que vous vous adressez à vous-même, tout au long de la journée et avant de vous endormir.

> « Je suis la personne la plus intelligente que je connaisse. J'attire de bonnes choses dans ma vie. Je suis aimé. »

J'avais l'habitude de rire de cette façon de faire ridicule qui tourne autour de son nombril. Ce n'est pas à force de répéter la chose que vous aimeriez être vraie sur vous-même, que celle-ci va forcément se réaliser. Ce serait de la magie.

Mais, je connais beaucoup de gens qui ont eu leur vie changée par des affirmations. Alors peut-être y-a-t-il quelque chose de vrai à ce sujet, si cela repose sur de bonnes bases. Paul nous dit dans Romains 12:2 de ne pas prendre comme modèle le monde actuel mais d'être transformé par le renouvellement de notre intelligence. Essentiellement, il nous dit d'arrêter de penser comme le monde et de commencer à penser comme Dieu le fait.

Faites des pensées de Dieu, vos propres pensées. Reprogrammez votre esprit avec une nouvelle réalité.

Méditer jour et nuit ressemble beaucoup à la répétition de ces paroles d'affirmation du développement personnel. Plus vous les répétez, plus votre cerveau le croit. Mais il y a une grande différence entre celles-ci et la méditation : la Parole de Dieu n'est pas une parole d'affirmation qui tourne autour de notre petite personne mais une vérité absolue et immuable. C'est la pensée de Dieu. Lorsque nous méditons la Parole inspirée et immuable de Dieu, nous ne pouvons pas nous tromper. Lorsque nous disons à notre esprit ce qu'Il pense à notre sujet, nous commençons à penser comme il le fait.

« Oui, toute ma vie, ta bonté et ton amour me poursuivront. »

« Je suis bien plus que vainqueur par celui qui nous a aimés. »

« Il me traîne toujours dans son cortège triomphal ».

« Mon Dieu subviendra pleinement à tous mes besoins ; il le fera, selon sa glorieuse richesse. »

« Dans l'union avec Christ, je reçois la justice que Dieu accorde ».[9]

Ceci est la vérité ; elle vient directement de l'Esprit de Dieu. « La parole de notre Dieu subsistera toujours. »[10] C'est aussi vrai aujourd'hui que lorsque ces paroles ont été écrites. C'est la vérité immuable qui nous changera une fois qu'elle sera ancrée en nous.

Maintenant, en toute logique, il vous faut faire le pas suivant. Lorsque Dieu a prononcé ses premiers mots, qui nous sont rapportés dans la Genèse, « Que la lumière soit ! », l'univers a été créé. Il a parlé et la chose fut. C'est la puissance dans son état pur. Il existe des preuves solides que l'univers est toujours en expansion. Les premières paroles créatives que Dieu a prononcées sont toujours agissantes, élargissant l'univers que nous connaissons. Est-il possible, alors, que lorsque nous prononçons ses paroles à haute voix, elles détiennent toujours le pouvoir de créer et d'étendre notre monde ? Absolument !

Nous élargissons notre monde quand nous laissons Sa vérité l'imprégner. Nos pensées prennent de l'envergure. Nous grandissons. Les paroles de Dieu abattent nos murs et nous conduisent dans les grands espaces qu'il a en réserve pour nous.

Réfléchir sur la vérité de Dieu est une bonne chose, mais il est bon aussi de la méditer à haute voix. Le roi David s'encourageait lui-même dans le Seigneur quand il était désemparé.« Pourquoi donc, ô mon âme, es-tu si abattue et gémis-tu sur moi ? Mets ton espoir en Dieu ! Je le louerai encore, mon Sauveur et mon Dieu. »[11] David n'est pas connu comme quelqu'un de coincé. (A un moment donné, sa danse est devenue tellement extravagante qu'il a commencé à perdre ses vêtements ![12]) Il est fort probable que David a pu se rappeler des vérités sur Dieu de façon audible. Parfois, notre méditation a besoin d'être proclamée à haute voix.

L'ÉTUDE

A l'école, je suis devenu expert en « bachotage » de contrôles. Je n'écoutais pas beaucoup en classe parce que je savais que je pouvais apprendre ce dont j'avais besoin la nuit précédant le contrôle. Cela a bien fonctionné jusqu'à l'examen final où j'ai oublié tout ce que j'avais bachoté durant le semestre.

C'est la même chose dans notre marche spirituelle. Si nous « bachotons la vérité » que lorsque nous sommes dans une impasse, nous ne pouvons pas nous attendre à une transformation durable. Etudier correctement implique que nous intériorisions et assimilions ce que nous apprenons et mémorisons.

La méditation et l'étude vont de pair. Lorsque nous étudions la Parole de Dieu, sa parole nous étudie. Lorsque nous étudions la vérité de Dieu, nous disons vraiment : « Sonde-moi, ô Dieu, pénètre mon cœur, examine-moi, et pénètre les pensées qui me bouleversent ! »[14]

Lorsque nous étudions la Parole de Dieu, sa parole nous étudie.

L'étude est essentielle pour discerner notre vrai moi, du faux. L'âme et l'esprit sont étroitement liés. Parfois, nos émotions, nos pensées et nos désirs parlent si forts qu'on a l'impression qu'ils ont raison. Lorsque votre corps est fatigué ou que vous vous sentez dépassé, vos émotions peuvent vous amener à faire toutes sortes de folies. Ce que vous ressentez dans votre âme peut sembler si réel et sûr que vous pouvez même penser que c'est Dieu qui vous dit de faire tout ça. Des gens m'ont dit qu'ils étaient certains que Dieu leur disait, au plus profond de leur cœur, de laisser leurs enfants et de s'enfuir avec une personne rencontrée sur internet. Ils ont même eu la chair de poule quand ils ont prié à ce sujet. Ils étaient certains que c'était la volonté de Dieu. Ils étaient sincères.

Ils avaient sincèrement tort.

La Parole de Dieu est là pour nous empêcher de nous tromper. C'est ce dont l'apôtre Paul parle quand il dit : « Car la Parole de Dieu est vivante et efficace. Elle est plus tranchante que toute épée à double tranchant et, pénétrant jusqu'à la division de l'âme ainsi que de l'esprit, et des jointures ainsi que de la moelle, elle juge les dispositions et les pensées du cœur. »[15] Vous devez étudier la vérité de Dieu, en long en large et en travers, pour vous assurer que vous ne confondez pas ce qui vient de l'Esprit de Dieu et ce qui est simplement les désirs de votre faux moi. La base pour pratiquer la discipline spirituelle de l'étude doit toujours être la Parole de Dieu. Ne cessez jamais d'étudier la Bible.

Les récits de croyants qui nous ont précédés constituent un autre domaine d'étude intéressant. Nous sommes entourés d'une « si grande nuée de témoins » [16] qui ont marché avec Dieu envers et contre tout. Lorsque nous lisons ce que Dieu a fait dans leur vie, Dieu nous enseigne souvent des principes puissants que nous pouvons incorporer dans notre vie. Lisez les biographies de grands hommes et femmes de Dieu. Etudiez ce que Dieu a accompli à travers l'Histoire. Nous ne sommes pas les premiers à essayer de naviguer dans ce monde qui a perdu le Nord. Apprenez de ceux qui nous ont précédés.

Dieu nous parle aussi quand nous passons en revue nos souvenirs. Il a écrit une histoire avec ce que vous avez vécu de bon, de mauvais et d'horrible. Mais nous ne voyons généralement pas cela sur le moment. Comme Kierkegaard l'a dit, « la vie est vécue en allant de l'avant. Mais on ne peut la comprendre qu'en regardant en arrière. » Lorsque nous « étudions » ce que Dieu a accompli dans notre vie, notre foi s'affermit et nous permet de voir qu'il nous transforme et rachète notre histoire. Frederick Buechner parle du pouvoir d'étudier sa vie lorsqu'il dit :

« Ecoutez votre vie. Voyez ce qu'elle est, un mystère insondable. Dans l'ennui et la souffrance, mais aussi dans l'excitation et la joie : touchez, goûtez, sentez ce qu'elle a de saint et de caché en elle. Car, au bout du compte, chaque instant est un instant-clé et la vie elle-même n'est que grâce. »

Dieu est à l'œuvre dans votre vie.

Il y a des expériences dans la vie que nous ne comprendrons jamais ici-bas, mais il y en a d'autres que Dieu veut utiliser pour lui donner un sens profond et une destinée. Etudiez l'œuvre que Dieu accomplit dans votre vie et vous commencerez à voir sa rédemption.

Lorsque vous étudiez et explorez l'œuvre de Dieu dans votre vie, il y a de fortes chances que vous commenciez à apercevoir quelques infimes parties de l'énorme travail qu'il accomplit. Vous verrez jusqu'où il vous a amené. Vous verrez comment il vous a préparé pour votre prochaine étape. Dieu ne gaspille rien. Il veut racheter tout ce qui vous est arrivé et

Il veut racheter tout ce qui vous est arrivé et l'utiliser pour raconter l'histoire de sa gloire dans votre vie.

l'utiliser pour raconter l'histoire de sa gloire dans votre vie. Votre prochaine étape sera en phase avec ce que Dieu a fait au fil des ans. Tout ce qui vous est arrivé est quelque chose que Dieu veut utiliser dans votre prochaine saison de vie. Etudiez son travail dans votre vie et vous découvrirez quel en est le but.

LE SECRET

Nous recherchons tous l'approbation. Nous voulons être acceptés et reconnus. Mais rechercher l'approbation peut rapidement dégénérer. Nous sommes tous enclins à devenir accros à l'approbation. C'est un vortex tourbillonnant qui nous aspire avant même que nous nous en rendions compte. Si vous vivez pour l'approbation et l'acceptation des autres, vous serez toujours déçu. L'approbation dont nous avons vraiment besoin ne vient que de Dieu.

Entrez dans le secret.

Cette discipline est la clé numéro un pour briser notre dépendance à l'approbation. C'est quelque chose que nous pourrions tous utiliser un peu plus dans ce monde axé sur l'approbation. Dans la discipline spirituelle du secret, nous faisons du bien et n'en parlons à personne.

J'aime croire que je n'ai pas besoin de l'approbation des gens, mais, en fait, il en est tout autre. Lorsque le panier pour la quête tourne dans l'église et que je ne donne rien, je murmure parfois : « Oui, j'ai déjà donné en ligne. » En fait, je ne veux pas que Mme Ramirez pense que je ne suis pas un donateur. Ce qu'elle pense de moi compte.

Beaucoup trop.

Le secret est le remède à cette dépendance de l'approbation. Beaucoup de gens font de bonnes œuvres en essayant de gagner de la reconnaissance, mais ce sont seulement les plus forts qui sont prêts à faire le bien, seuls, dans l'obscurité, sans avoir à fanfaronner devant tout le monde de ce qu'ils ont fait. Dans Matthieu 6, Jésus dit de faire nos bonnes œuvres « en secret ». Comme d'habitude avec Dieu, l'obéissance a ses avantages. Il promet que « ton Père qui voit dans le secret te le rendra. »[18]

Je vais probablement bousculer la susceptibilité de certains ici, mais comme je sens que nous sommes désormais des amis, je ne vais pas tourner autour du pot : je m'inquiète de la façon dont nous utilisons les médias sociaux pour dévoiler les parties sacrées de notre vie, comme notre temps personnel avec Dieu. #tempspersoavecdieu #rendezvousavecjesus

#grandirenChrist. Je suis encore plus mal à l'aise lorsque je vois des gens qui affichent ce qu'ils font pour aider les plus démunis. #vousavezbesoinduseigneur #voyagemissionnairehaiti.

Je ne veux pas être quelqu'un qui va tuer votre buzz. Partager votre vie est amusant. Et je ne veux pas être légaliste à ce sujet. Vous devez voir avec Jésus jusqu'où vous devez aller pour ne pas désobéir au secret auquel il vous appelle. Afficher des choses en ligne peut inciter d'autres personnes à s'impliquer dans le service et passer du temps avec Dieu, mais je ne veux pas que nous nous privions d'une partie de la récompense rattachée à ces bonnes œuvres en choisissant de les documenter à travers des photos et des vidéos. Je me demande aussi dans quelle mesure afficher cela sur les médias sociaux n'alimente pas notre fausse identité et notre dépendance à l'approbation.

Vous ne savez pas si vous avez une dépendance à l'approbation ? Voici un test tout simple : postez une photo sur les réseaux sociaux et ne cherchez pas à savoir qui l'a aimée pendant trois jours. Si cela déclenche une vague d'anxiété dans vos tripes, alors vous avez votre signe. Mais sérieusement, êtes-vous capable de faire ça ? Si non, vous pourriez avoir une dépendance à l'approbation. Gardez un œil attentif sur vos motivations lorsque vous publiez des informations sur les médias sociaux ou lorsque vous rendez service à des personnes.

Le secret est une forme de renoncement à soi-même, qui est une condition préalable pour suivre Jésus.[19] C'est comme le jeûne (une autre discipline spirituelle que vous devez explorer), mais au lieu de vous priver de nourriture, vous renoncez à la reconnaissance. La reconnaissance de Dieu est tout ce dont nous avons besoin. Dieu nous rend humbles quand nous décidons que son approbation est suffisante. Nous sommes bénis en retour par le Saint Esprit qui agit en nous de manière discrète. Nous gagnons en confiance.

SÉRIEUX EN CE QUI CONCERNE LA SOLITUDE

Pour que vous puissiez libérer tout ce que Dieu dit que vous êtes, vous devrez vous familiariser avec la solitude. Vous devrez éviter consciencieusement le bruit et la foule pour une rencontre en tête-à-tête avec Dieu. Ecoutez sa voix douce et paisible. Aucune étude biblique de groupe, aucune communion fraternelle ou aucun sermon du dimanche ne peut compenser le temps consacré à la solitude. Vous ne pouvez pas atteindre l'objectif que vous vous êtes fixé, sans elle. C'est ce que personne ne voit, ce que vous faites dans la solitude, qui vous permet d'obtenir les résultats que tout le monde aimerait avoir.

CHAPITRE 8

LA VIE EN COMMUNAUTÉ

Aucun homme n'est une île, dans son entièreté ; chaque homme est un morceau du continent, Une partie du tout.

— JOHN DONNE

La dernière partie de mon aventure de quatre mois en Chine était arrivée. Nous sommes montés à bord d'un avion en direction de Guangzhou, en Chine, près de la frontière avec Hong Kong. J'ai poussé un soupir de soulagement quand j'ai finalement pu m'asseoir sur mon siège côté allée. Mais j'étais contrarié parce qu'on m'avait confisqué mon canif préféré à la sécurité. J'avais oublié qu'il se trouvait dans mon bagage à main. Il avait traversé la Chine avec moi, mais on me l'avait retiré à la dernière étape de mon voyage ! Je me suis assis et j'ai fermé les yeux, espérant dormir un peu.

Quelques secondes après m'être assis, un jeune chinois à côté de moi a commencé à toucher ma montre. J'ai retiré ma main.

Dans un anglais approximatif, il m'a demandé : « Etes-vous américain ? »

J'ai répondu par l'affirmative.

« Combien coûte la montre ? »

J'ai soupiré, sachant où il voulait en venir.

Mais je n'avais plus de force pour m'adapter à la culture chinoise. Le manque d'espace personnel et de limites en Chine commençaient à m'indisposer. Même avant le communisme, la Chine était une société communautaire. Les gens partageaient et faisaient tout, ensemble. La communauté a toujours pris le pas sur l'individualisme. Poser des questions très personnelles et intrusives est normal. Si vous ajoutez à cet élément culturel le fait que je venais de voyager en Asie pendant quatre mois avec les mêmes personnes et que je suis un introverti, vous comprendrez que j'étais à bout.

J'ai apprécié les gens avec qui j'étais, mais nos nerfs en ont pris parfois un coup. Nous connaissions les particularités de chacun. Nous nous sommes disputés. Nous avons ri ensemble et nous nous sommes pris la tête. A ce stade du voyage, nous étions tous fatigués de cette proximité quotidienne. Mais avec du recul, je pense que Dieu l'a utilisée pour accomplir l'œuvre qu'il voulait faire dans mon cœur durant mon séjour en Chine.

Il y a quelque chose que les occidentaux individualistes peuvent apprendre des sociétés communautaires où les habitants sont très proches les uns des autres : Dieu utilise la communauté pour nous aider à apprendre qui nous sommes vraiment et à trouver notre place.

Et il n'y a rien de mieux que la communauté pour révéler ce que nous avons dans les tripes.

LES RELATIONS QUI GUÉRISSENT

L'un des grands principes dans la relation d'aide est le suivant : « C'est la relation qui guérit. » Etablir une relation de confiance avec la personne assise en face de vous est beaucoup plus important que les compétences ou la formation que vous acquérez. La guérison vient des relations que nous entretenons avec les autres. Cela signifie que vous n'avez pas besoin de formation en relation d'aide pour aider les autres à surmonter leurs difficultés. Vous avez juste besoin d'avoir une relation basée sur l'amour avec eux.

Nous avons été programmés pour être en relation. Repensez au jardin d'Eden. Adam était en relation directe avec son Créateur, mais Dieu savait que les êtres humains avaient besoin d'autres êtres humains. Alors il a fait Eve. Quand Adam et Eve ont rompu leur relation avec Dieu, le péché a rompu la relation qu'ils avaient l'un envers l'autre. Peu de temps après que le péché soit entré dans le monde, la Bible nous parle de la relation tendue qui existait entre Caïn et son frère Abel.

Lorsque nous sommes séparés de Dieu, nous sommes séparés des autres.

Heureusement, grâce à Christ, notre relation avec Dieu a été rétablie. Ce qui signifie que notre relation avec les autres peut désormais être restaurée. Nous pouvons désormais nous connecter avec les autres et être source de vie parce que nous sommes connectés à *La* source de vie, Jésus. C'est dans cette connexion avec les autres que Dieu nous aide à sortir de notre faux moi et à embrasser la personne que nous sommes vraiment selon lui. Vous ne pouvez pas devenir pleinement *vous* en dehors de la communauté. Les voies du Seigneur sont impénétrables : ce sont des personnes qui nous blessent mais ce sont aussi des personnes que Dieu utilise pour nous apporter la guérison.

AIMER DIEU NE SUFFIT PAS

Un jour, quelqu'un a demandé à Jésus quel était le commandement le plus important que Dieu ait jamais donné. Il voulait savoir ce qui importait le plus. Alors Jésus en a cité deux. « Tu aimeras le Seigneur ton Dieu, de tout ton cœur, de toute ton âme, de toute ton énergie et de toute ta pensée, et ton prochain comme toi-même. »[1]

Oh, comme j'aurais aimé que Dieu dise juste : « Aime-moi ». En général, j'ai pas trop de mal à aimer Dieu. Mais il n'a pas dit ça. Il a dit qu'aimer les gens est une extension de notre amour envers Dieu. Vous ne pouvez pas aimer vraiment Dieu si vous n'aimez pas les autres et ne vous connectez pas avec eux.

Jean le répète quand il dit : « Si quelqu'un prétend aimer Dieu tout en détestant son frère, c'est un menteur. Car s'il n'aime pas son frère qu'il voit, il ne peut pas aimer Dieu qu'il ne voit pas. »[2] Notre relation avec les autres est le baromètre de notre amour pour Dieu. Vous pouvez aimer

Jésus mais c'est la manière dont vous vivez avec ceux qui vous entourent qui le prouve. Jésus est notre exemple en la matière.

> *Vous pouvez aimer Jésus mais c'est la manière dont vous vivez avec ceux qui vous entourent qui le prouve.*

Etre seul avec Jésus dans la solitude est la base de la transformation. Mais ça ne s'arrête pas là. Nous avons besoin d'un équilibre entre être seul et être avec les autres : la solitude et la communauté. Dietrich Bonhoeffer l'exprime ainsi :

> *« Que celui qui ne peut pas être seul prenne garde à la communauté... Que celui qui n'est pas en communauté prenne garde d'être seul... L'un et l'autre comportent de grands dangers et des pièges. Celui qui veut la communion sans solitude plonge dans le vide des mots et des sentiments, et celui qui recherche la solitude sans communion périt dans l'abîme de la vanité, de l'engouement de soi et du désespoir.[3]*

Une communauté en bonne santé commence lorsque chaque membre de la communauté prend du temps dans la solitude avec Dieu. C'est comme recharger vos batteries pour que vous puissiez répandre davantage la vie auprès de ceux qui vous entourent. Vous avez probablement entendu une annonce de sécurité avant le vol vous demandant, en cas d'urgence, de mettre d'abord votre masque à oxygène avant d'aider les autres. Si vous manquez d'oxygène, vous ne pourrez aider personne. La solitude nous maintient forts pour que nous puissions apportez la vie aux autres membres de notre communauté.

Dans une communauté en bonne santé, chacun apporte sa contribution au niveau spirituel en passant du temps seul avec Dieu, afin d'amener en retour, cette vie dans la communauté pour le bien de tous. Bien sûr, il y a des saisons (parfois de longues saisons) où certains ne sont pas en mesure de le faire. La tragédie, la maladie ou le découragement les frappent durement. Ils ont besoin de soins supplémentaires. C'est à cela que sert la communauté, s'occuper les uns des autres. Nous investissons dans ceux qui souffrent pour qu'ils retrouvent des forces, afin qu'ils puissent à leur tour aider les autres.

Au fil des années, j'ai connu des gens qui semblaient sucer ma vie jusqu'à l'os. Vous pouvez probablement en nommer quelques-uns dans votre propre vie. Il n'y a pas d'encouragement mutuel. Ce sont juste eux qui prennent. C'est une communauté malsaine. Lorsque les membres de la communauté *prennent* toujours et ne donnent jamais, cela est dysfonctionnel. En règle générale, le problème est que ces personnes ne passent pas de temps dans la solitude. Ils recherchent dans la communauté quelque chose que seul Dieu peut apporter. Ce même phénomène se produit dans beaucoup de mariages. Nous attendons de notre conjoint qu'il comble ce que Dieu seul peut combler. Nous sommes perpétuellement contrariés par notre conjoint, à la recherche de quelque chose qu'il ne peut tout simplement pas nous donner.

Henri Nouwen a parlé de l'importance d'être des *guérisseurs blessés*. Restez avec les gens pendant plus d'une journée et vous serez blessé, même dans une communauté en bonne santé. Nous sommes tous en convalescence par rapport à notre faux moi, alors il nous arrive de blesser involontairement les autres. Mais l'ironie, c'est que cette même blessure nous rend capables d'apporter la guérison à d'autres. Elle nous apporte compassion et compréhension.

Les Alcooliques Anonymes, dont je parlerai plus en détails dans un instant, forment un groupe de *guérisseurs blessés.* Ce sont des gens honnêtes qui savent à quel point ils ont peu de contrôle sur l'alcool et qui se tournent vers d'autres personnes qui partagent la même blessure pour être soutenus dans leur lutte.

Nous voulons tous cacher nos blessures. C'est une partie naturelle de nos défenses basées sur la honte. Mais tant que nous cachons nos plaies, nous ne pouvons pas en être guéris.

CE QUE LES GENS NE VOIENT PAS NE PEUT PAS LES FAIRE SOUFFRIR, C'EST BIEN ÇA ?

Lorsque je travaillais en tant que pasteur associé, j'ai été témoin d'un phénomène déconcertant. Certaines familles de l'église disparaissaient pendant des mois. Nous leur passions un coup de fil pour avoir de leurs nouvelles et elles avaient toujours des explications plausibles pour justifier leurs longues absences : voyages, maladie, tournois de football, travail. Certaines ont échappé à notre radar et nous n'avons jamais plus entendu parler d'elles. D'autres réapparaissaient un dimanche et reprenaient là où elles s'étaient arrêtées, assistant fidèlement aux services. J'ai finalement eu le culot de demander à l'une de ces personnes ce qui leur était arrivé, à elle et à sa famille. Elle a admis qu'elle avait eu de gros problèmes dans son couple, alors ils ont cessé de venir à l'église pour que ça ne se sache pas.

En psychologie, nous avons un terme pour définir ce type de réactions face à des problèmes personnels : *Hara-Kiri* ! En fait, cette expression est de moi ! Mais sérieusement, éviter une source de soutien lorsque les choses deviennent difficiles est un auto-sabotage complet. Notre vieux faux-moi nous dit de nous éloigner de la seule source qui peut nous aider et même nous fortifier au moment où nous en avons le plus besoin. Shawn Achor, un chercheur de Harvard, a réalisé des dizaines d'études sur la manière dont les gens peuvent se développer quand ils se retrouvent en situation de stress. Il en a conclu que « les personnes qui survivent le mieux sont celles qui investissent davantage dans leur vie sociale en période de stress, ce qui est à l'opposé de ce que la plupart d'entre nous faisons. » [4] Etude après étude, il a constaté que les relations sociales surpassent toutes les autres variables pour prédire la capacité de quelqu'un à surmonter des moments difficiles.

La honte ment quand elle vous dit : « Personne ne peut comprendre ce avec quoi tu te débats. Personne ne comprend la dépendance. Personne n'est aussi seul que toi. Personne d'autre n'a de problèmes dans son mariage. Si les gens découvrent que tu as ce genre de problèmes, ils seront choqués ou auront tendance à te juger. » Mais ce sont des mensonges. Ne les croyez pas. Parce que si vous le faites, ces mensonges vous détruiront ainsi que vos relations. Vous vous retrouverez coincé dans une voie sans issue.

Lorsque nous pensons que nous sommes les seuls à batailler, nous développons un isolement psychologique qui mène éventuellement à l'isolement physique. Nous nous retirons de la communauté par fierté ou par peur. Nous croyons que personne ne nous acceptera vraiment si nous baissons nos masques. C'est le même vieux mensonge du faux moi qui dit : « Une fois que tu seras acceptable et que tu auras mis ta vie est en règle, alors tu pourras venir à Jésus. »

Voici la vérité : Jésus vous accepte tel que vous êtes.

De même toute communauté en bonne santé.

Oui, vous, là-bas au fond ! Je vois votre main. Vous êtes sur le point de me demander : « Où se trouve une telle communauté ? Ça ne doit pas trop courir les rues ! » Eh bien, je suis content que vous ayez posé la question. Pour une communauté en bonne santé, deux éléments-clés sont nécessaires et ceux-ci sont difficiles. Mais vous devrez être la personne courageuse qui donnera l'exemple la première.

Je suis certain que d'autres le suivront. C'est à ce prix que votre communauté jouira d'une bonne santé.

Les deux éléments-clés sont la transparence et la redevabilité.

LE POUVOIR DE LA TRANSPARENCE

Avant tous les projecteurs et écrans HD que nous utilisons dans les églises pour montrer les paroles des chants et les passages bibliques, nous utilisions un appareil appelé *rétroprojecteur*. Nous écrivions juste les paroles au marqueur noir sur une feuille transparente, puis nous la placions sur l'appareil et la lumière brillante projetait le contenu sur le mur. Parce que c'était écrit à la main, il n'y avait pas de vérification orthographique. Plus d'une fois, je me souviens que la personne en charge du rétro se léchait un doigt et effaçait un mot mal orthographié alors que nous étions en train de le chanter !

La communauté authentique ressemble beaucoup à ce vieil appareil. Tout le monde peut voir nos défauts.

J'aime les médias sociaux, mais on peut tromper son monde trop facilement. Sur les médias sociaux, nous pouvons parfaitement monter de toutes pièces ce que nous montrons aux gens. Nous affichons une photo avec notre femme qui sourit lors d'un dîner romantique mais nous ne montrons pas les disputes que nous avons eues dans la voiture juste avant. Lorsque je publie une photo de ma fille qui sourit sur Facebook, personne ne sait qu'il a fallu cinquante shots pour en arriver là. Les gens font des commentaires disant combien elle est souriante. C'est vrai qu'elle sourit beaucoup mais elle pleure aussi beaucoup.

Si vous osez devenir transparent sur les médias sociaux, ça passera une fois, deux, trois maxi. La première fois, on dira que vous êtes courageux et audacieux. Mais si vous continuez à être honnête à propos de vos luttes personnelles, les gens vont vous bloquer : « Désolé, je n'ai pas besoin de cette négativité dans ma vie, mon gars. Tu tues mes bonnes vibrations. » Conclusion : Les médias sociaux sont amusants, mais ce n'est pas un lieu où l'on expérimente la vraie communauté. Ça manque de transparence.

Une communauté saine est transparente. Lorsque nous projetons une image parfaite (mais fausse), nous n'avons pas l'occasion de confronter vraiment nos défenses et nos habitudes basées sur la honte qui nous limitent. Nous restons coincés. Si vous avez été blessé, vous pourriez avoir peur d'être transparent. Pourtant c'est en prenant ce risque, que votre sécurité est assurée sachant qu'une communauté en bonne santé possède un autre élément clé.

LA RÈGLE NUMÉRO UN DE L'ESCALADE

Lors de ma première année à l'université, mon camarade de chambre est rentré un jour archi motivé pour faire de l'escalade. C'était un gars assez impétueux : il était sorti acheter du matos et m'a supplié de l'accompagner alors que je venais juste de rentrer d'une journée de boulot. J'étais fatigué, mais il ne voulait pas me lâcher les baskets.

« *Pourquoi t'y vas pas seul ?* » Ai-je demandé.

Il m'a regardé incrédule. « Eh mec ! Règle numéro un de l'escalade : ne jamais escalader seul. Maintenant, allez, viens ! On va se marrer. »

J'y suis allé et à ma grande surprise, on s'est *vraiment* régalés. Ce n'était pas aussi craignos que je pensais. Surtout quand j'ai su que les grimpeurs avisés utilisent toujours beaucoup d'équipement de sécurité pour minimiser les risques de chute.

Et ils ne montent jamais seuls.

Les grimpeurs avisés sont toujours reliés à une autre personne à l'aide d'un équipement de protection et de cordes. Ils ont toujours quelqu'un qui tient une corde reliée à un piquet fixé dans la roche. Ils peuvent glisser, mais ils ne risquent pas leur vie parce qu'ils ont quelqu'un qui veille sur eux en tenant la corde.

Le roi Salomon l'exprime ainsi : « Mieux vaut être à deux que tout seul. On tire alors un bon profit de son labeur. Et si l'un tombe, l'autre le relève, mais malheur à celui qui est seul et qui vient à tomber sans avoir personne pour l'aider à se relever. »[5]

En faisant des recherches pour ce livre, j'ai demandé à de nombreuses personnes ce qu'elles pensaient de la communauté et de la redevabilité. J'ai entendu beaucoup d'histoires personnelles. Du bon, du tragique. J'ai trouvé intéressant que les gens qui avaient sombré à la suite d'une faillite, une infidélité conjugale ou une faute morale se montraient les plus virulents concernant l'importance de la redevabilité (rendre des comptes) devant la communauté. Pour chacun d'entre eux, le premier pas dans leur spirale descendante a été de s'être mis à l'écart de ceux qui les connaissaient bien.

Un nombre inquiétant d'éminents leaders chrétiens ont chuté. La plupart d'entre eux ont affirmé qu'ils avaient des personnes envers lesquelles ils étaient redevables, mais c'était sans transparence. J'ai travaillé avec le pasteur d'une grande église pendant un certain temps. Il avait des règles strictes vis-à-vis de lui-même qu'il suivait sans exception, même quand ça paraissait bizarre. Voici ce qu'il disait et que je n'ai pas oublié : « La redevabilité n'est pas vraiment une redevabilité à moins qu'elle ne soit intrusive. »

Trop souvent, la redevabilité dépend de la personne qui doit rendre compte en confessant les combats qu'elle mène à son partenaire en redevabilité. Le problème, c'est que la honte et la peur de perdre ce que nous avons nous empêchent souvent de nous confesser. Alors, nous cachons ce qui se passe jusqu'à ce que l'affaire parvienne au grand jour et détruise notre vie.

Dans une communauté en bonne santé, les gens que vous fréquenterez vous feront part de leurs préoccupations concernant certains aspects de votre vie. J'ai entendu certains dire qu'ils se sentaient jugés lorsqu'une personne de leur communauté les questionnait sur leur façon de vivre et de voir les choses. Ils ont dit qu'ils ne se sentaient pas acceptés tels qu'ils étaient, alors ils ont quitté la communauté. Personne n'a envie de se sentir jugé, mais il y a une frontière délicate entre le fait d'être jugé et le fait que quelqu'un vous fasse remarquer que votre façon de vivre est bien en deçà du meilleur que Dieu a pour vous.

Dans une communauté en bonne santé, les gens autour de vous vous aimeront suffisamment pour vous interpeler et vous dire que vous vous éloignez de votre vrai moi. Ils ne se tairont pas quand ils vous verront en danger. Vous aurez peut-être l'impression d'être jugé à certains moments, mais c'est votre faux moi qui essaie de vous maintenir dans le statu quo. Les gens peuvent se montrer parfois maladroits dans leurs remarques. Nous avons tous nos points faibles, mais vous ne pouvez pas d'emblée quitter la communauté quand la vérité fait mal. Ce serait de l'auto-sabotage. Oui, la communauté est un endroit vulnérable. Il faut qu'elle le soit ! C'est seulement lorsque les autres sont témoins de nos faiblesses et nous les font remarquer que nous pourrons grandir.

Vous avez besoin d'un groupe de personnes dans votre vie à qui vous donnez le droit de vous interpeler et de vous confronter lorsque vous êtes en deçà de ce que vous êtes réellement en Christ. Bien sûr, c'est gênant. Je connais bien ce malaise. J'ai reçu bien souvent des gifles de la part de gens qui m'aimaient. Je n'aime pas devoir admettre que je suis un peu trop fier ou contrôlant. Mais le pire serait de continuer à vivre en deçà de tout ce que Dieu a pour moi. « Un ami qui vous blesse vous prouve par là sa fidélité, mais un ennemi multiplie les embrassades. »[6] La redevabilité peut faire un peu mal, mais elle vous gardera en sécurité.

Si la transparence et la redevabilité sont les fondements d'une communauté en bonne santé, les briques et le mortier sont les disciplines spirituelles que nous pratiquons en communauté. Tout comme il existe des disciplines spirituelles comme la méditation, l'étude et le secret que nous pratiquons dans la solitude, il existe des disciplines que nous pratiquons en communauté. Ces disciplines permettent à Dieu de compléter son travail en nous transformant davantage à son image. Voici quelques pratiques-clés à vivre en communauté qui vous aideront à développer votre véritable identité en Christ.

LE CULTE

Votre foi est personnelle, pourtant il ne s'agit pas seulement de vous et de Jésus. « De même, que nous sommes nombreux, nous formons ensemble un seul corps par notre union avec Christ, et nous sommes tous, et chacun pour sa part, membres les uns des autres. »[7]

« Débrouille-toi tout seul ! » « Sors-toi de là ! » Ce genre de réflexions ne correspond pas à la manière de penser chrétienne. En tant que Texan, la communauté représente un défi pour moi. J'ai tendance à vouloir faire cavalier seul. Je veux que personne ne mette son nez dans mes affaires. Pourtant, le christianisme, c'est aussi l'unité et la relation avec les autres. C'est pourquoi se réunir — en chair et en os — avec d'autres chrétiens doit être une priorité.

Le culte, c'est quand des personnes de tout horizon, de toutes races, tendances politiques et couches socioéconomiques sont assises ensemble, l'une à côté de l'autre, et reconnaissent que Dieu est leur source commune. C'est un acte d'humilité. Il n'y a pas une personne qui soit meilleure que l'autre. Nous avons tous besoin de Dieu. Nous avons tous besoin les uns des autres dans notre pérégrination. Quels que soient nos succès, nos échecs, nos forces, nos faiblesses, notre richesse ou notre pauvreté, Dieu nous voit de la même manière c'est à dire comme des personnes qui sont en très mauvaise posture si elles ne font pas cas de son pardon et de son salut.

Paul écrit : « Ne délaissons pas nos réunions, comme certains ont pris l'habitude. Au contraire, encourageons-nous mutuellement, et cela d'autant plus que vous voyez se rapprocher le jour du Seigneur. »[8]

Les rencontres sont censées être une source d'encouragement mutuel. Mais lorsque vous réunissez un groupe diversifié de personnes à l'église, il y aura forcément des choses qui vous mettront mal à l'aise. Et probablement des choses que vous n'aimerez pas du tout. A bien des égards, je me retrouve dans ce que décrit C. S. Lewis alors qu'il assistait pour la première fois à un culte dans une église.

> « Je n'aimais pas beaucoup leurs hymnes, que je considérais comme des poèmes de cinquième catégorie sur une musique de sixième ordre. Mais au fil du temps, j'en ai vu le grand mérite. Je me suis confronté à des personnes d'allure et d'éducation différentes, et peu à peu, ma suffisance a commencé à se dissiper. Je me suis rendu compte que les hymnes (qui n'étaient que de la musique de sixième ordre) étaient néanmoins chantés avec dévotion et faisaient le plus grand bien au vieux chrétien en bottes de caoutchouc assis sur le banc d'en face.

Vous comprenez alors que vous n'êtes pas digne de nettoyer ces bottes. Cela vous force à sortir de votre autosuffisance solitaire. » [9]

Il est très à la mode de minimiser l'importance des rassemblements officiels de l'église. J'ai entendu des gens dire : « J'aime Dieu, je n'aime pas l'église ». J'ai même entendu des gens faire allusion au fait qu'ils sont arrivés à un stade où ils n'ont plus besoin de l'église. Ils disent que leur « église », c'est d'être avec leur famille ou dans la nature. Je comprends. Je me connecte aussi à Dieu de cette façon (c'est pourquoi je mène des expéditions en pleine nature !), Mais dire que vous avez dépassé le besoin de fréquenter une église s'apparente à de l'arrogance ou, comme l'appelle C. S. Lewis « l'autosuffisance solitaire ». (Et Dieu sait que vous ne voulez pas être réprimandé par C. S. Lewis !)

Nous aurons *toujours* besoin de rendre un culte communautaire. Les églises en ligne et les sermons vidéo sont excellents, mais ils ne remplacent pas le rassemblement de personnes en chair et en os. Nous devons interagir les uns avec les autres, voire nous irriter les uns contre les autres. Cela nous fait grandir et vivre l'amour, la patience, la gentillesse et tous les autres fruits de l'Esprit qui constituent notre nouvelle identité.

Rendre un culte ensemble nous donne un aperçu de l'éternité, où nous nous tiendrons tous devant Dieu et où nous le connaîtrons comme il nous a connus.[10] Nous reconnaissons qu'il est Dieu et que nous avons besoin de lui.

LA CONFESSION

Lorsque nous gagnons en courage et décidons d'être transparents au sein de notre communauté, nous réalisons que nous ne sommes pas seuls. Lorsque nous partageons avec ses membres les combats que nous menons contre la peur, la dépendance, la tentation, la dépression ou la honte et que nous entendons quelqu'un nous dire « ben, moi aussi ! », cela nous aide à comprendre que nous n'avons pas à nous cacher. D'autres savent de quoi nous parlons. C'est ici que réside le pouvoir de la discipline spirituelle qu'est la confession.

« Confessez vos péchés les uns aux autres et priez les uns pour les autres, afin que vous soyez guéris. »[11] Nous nous confessons à Dieu pour obtenir son pardon. Nous nous confessons aux autres pour obtenir la guérison. J'aime comment Rick Warren décrit le pouvoir de la confession : « Si vous voulez être pardonné, vous en parlez à Dieu. Si vous voulez vous sentir pardonné, vous devez en parlez à une autre personne. »[12]

Lorsque vous savez que vous n'êtes pas seul à batailler, il est alors beaucoup plus facile de sortir de votre cachette. Les Alcooliques anonymes ont sauvé d'innombrables personnes qui avaient perdu le contrôle sur leur vie. Une grande partie de l'efficacité de ce programme est due à la confession. Lorsque les alcooliques partagent ouvertement leur impuissance face à l'alcool, une communauté de soutien se met en place. Personne n'est dans le jugement parce que tous sont dans le même bateau. Confesser ouvre la voie à la restauration et rend même plus fort.

Mais la vie à laquelle vous aspirez se trouve toujours du côté opposé à celui de votre plus grande peur.

Avouer sa dépendance, sa double vie ou sa peur demande du courage. C'est *craignos*. Mais la vie à laquelle vous aspirez se trouve toujours du côté opposé à celui de votre plus grande peur.

Ne doutez pas de la puissance de la confession. Ayez confiance qu'elle sera efficace. Si vous pratiquez cette discipline spirituelle de façon régulière, vous vous rendrez vite compte que vous aurez beaucoup de victoires à célébrer.

LA CÉLÉBRATION

La célébration est la gratitude. C'est lorsque vous oubliez tout ce qui ne va pas dans votre vie et que vous vous concentrez sur tout ce qui est bon. Vous êtes peut-être encore loin du but que vous souhaitez atteindre, mais regardez autour de vous et reconnaissez tout le chemin parcouru. Dieu a été à l'œuvre.

J'admets que moi-même, j'ai du mal à le faire.

J'utilise la plus grosse partie de mon énergie mentale à m'inquiéter, à me plaindre et à regretter de ne pas être parvenu aussi loin dans la vie que je l'aurais souhaité. Mais vivre ainsi mène au mécontentement. La gratitude est l'antidote au mécontentement.

Lorsque nous sommes reconnaissants pour ce que nous avons sur le moment, nos yeux s'ouvrent sur tout ce qui est bon autour de nous. Et il y a beaucoup de bonnes choses. Vous respirez. Vous avez des gens qui vous aiment. Vous avez eu assez d'argent pour acheter ce livre (ce pour quoi je suis très content !). La vie est belle.

Bien sûr, nous voulons plus. Mais nous croyons que Dieu a un plan pour nous et nous nous réjouissons de tout le chemin parcouru. Il est possible qu'il y ait devant nous une montagne, mais il nous aidera à la franchir comme il l'a toujours fait. Dieu ne nous a pas amenés jusque-là pour nous abandonner. Lorsque nous le célébrons, malgré ce qui ne va pas, nous affirmons que nous avons foi en ses promesses. Le meilleur est toujours à venir car « le sentier des justes est comme la lumière de l'aurore dont l'éclat ne cesse de croître jusqu'en plein jour. » [13]

La célébration est une discipline qui s'apprend. Nous la pratiquons dans les bons et les mauvais jours. Voici un exemple : notre voisin a accepté un emploi en Antarctique. En raison du climat rigoureux du pôle Sud, il devait s'engager pour toute une année. Même si, en milieu d'année, il décidait de rentrer pour une raison ou une autre, c'était trop tard pour lui, ce n'était pas possible. Il n'y avait pas de vols avant le printemps ! Malheureusement, il n'avait pas la possibilité d'emmener sa famille avec lui, alors il a dû la laisser au Texas. J'ai trop aimé quand sa femme a organisé une fête pour célébrer les 6 mois qui venaient de passer. Ils étaient à mi-chemin. *Whahou !* Oui, il y avait encore six mois à attendre avant son retour, mais Dieu les avait conduits jusque-là. Célébrez les petites victoires le long du chemin !

Une façon simple de commencer une vie de célébration consiste à prendre le temps de vous concentrer sur des choses spécifiques pour lesquelles vous êtes reconnaissant. Il y a quelques années, un de mes amis m'a conseillé de tenir un journal de reconnaissance. J'ai suivi sa recommandation et les résultats ont été si convaincants que je vous suggère fortement de faire de même. Chaque matin, j'ajoute un sujet de reconnaissance à ma liste. Cela m'aide à commencer la journée dans la gratitude. Dans la soirée, je passe en revue ma journée et j'écris ce qui s'est bien passé tout en remerciant Dieu. Je termine ma journée dans la gratitude. Vous serez surpris en constatant l'influence bénéfique que cette habitude génère sur votre façon de voir les choses. Certains jours sont plus difficiles que d'autres, mais si vous vous concentrez sur ce pour quoi vous êtes reconnaissant, la célébration jaillira de vous.

La célébration est contagieuse. Célébrez la croissance que vous voyez chez les autres. Félicitez vos enfants quand ils réussissent et profitez-en pour souligner les caractéristiques divines que vous voyez dans ce qu'ils ont fait. Ne soyez pas avares en gentillesse et en éloges. Si vous voyez le travail de Dieu dans la vie de quelqu'un, n'oubliez pas de le lui dire. La plupart du temps, nous manquons de recul pour voir le changement qui s'opère en nous, alors quand vous le voyez dans la vie des autres, n'hésitez pas à le leur faire savoir. Célébrez les petites victoires avec eux.

Une autre façon excellente de célébrer est de garder précieusement des objets, témoins de ce que Dieu a fait dans votre vie. Quand Dieu a sauvé Israël d'une attaque surprise des Philistins, Samuel « prit alors une pierre et la dressa… et l'appela du nom d'Eben-Ezer… en disant : 'Jusqu'ici, l'Eternel nous a secourus.' »[14]

Gardez des photos. Gardez des objets-témoins des saisons difficiles que Dieu vous a fait traverser. L'un de ces objets-témoins que j'ai gardés pour me souvenir de la fidélité de Dieu est quelque chose que j'ai reçu durant le vol, alors que je quittais le Tibet.

A mi-chemin du vol Tibet — Guangzhou, une hôtesse de l'air a posé sa main sur mon épaule, interrompant ma conversation avec le monsieur un-peu-trop-sans-gêne qui était assis à mes côtés. Elle me tendit un petit sac étiqueté « SAC D'ARTICLE INTERDIT ». Elle sourit puis s'éloigna. Le sac était fermé par un cordon rouge noué autour d'un petit bouton. Quand j'ai ouvert le sac, j'y ai trouvé le couteau que l'on m'avait confisqué au poste de contrôle de Lhassa !

Je garde ce sac pour me rappeler de la fidélité de Dieu. Non seulement, je récupérais mon couteau, mais mon équipe et moi-même arrivions au bout d'un voyage à travers la Chine qui changerait à jamais notre vie. Pour cela j'étais reconnaissant, et je le suis encore aujourd'hui. Ce sac me rappelle toujours ce voyage. Cela me rappelle le travail que Dieu a fait en moi pendant ce voyage. Trouvez des choses tangibles que vous pouvez garder près de vous pour vous rappeler de la fidélité de Dieu. Il a été fidèle dans le passé et il continuera de l'être tout au long de votre vie. Célébrez ça !

ETRE SÉRIEUX AVEC LA COMMUNAUTÉ

Comme la solitude, la communauté ne va pas s'imposer à vous. Vous devez en faire une priorité. Nous sommes tous à court de temps et la communauté prend du temps. Ça demande de l'effort. Vous devrez libérer du temps dans votre agenda pour pouvoir l'investir dans des relations avec les autres. Vous aurez besoin de faire tomber votre masque et de devenir vrai. Vous devrez prendre le risque de vous sentir vulnérable. Si vous le faites, je peux vous garantir que vous trouverez un sens nouveau à votre destinée et à votre appel alors que vous marchez avec d'autres sur le chemin qui vous mènera à devenir pleinement *vous*.

CE N'EST QUE LE DÉBUT

Nous arrivons à la fin de ce livre et ma prière pour vous, c'est qu'il vous permette de prendre un nouveau départ. Je prie pour que vous accueilliez la personne que Dieu dit que vous êtes déjà et commenciez à vivre avec votre véritable moi. Vous n'irez peut-être jamais en Chine. Vous ne franchirez peut-être jamais les limites de votre département. Mais vous n'avez pas à le faire. Le changement peut commencer là où vous êtes. C'est un travail intérieur. Prenez au sérieux le fait de vivre à partir de votre vrai moi en Christ. Arrêtez de vous cacher derrière les murs du repli de soi, de l'autosatisfaction et du contrôle. N'acceptez pas l'anxiété, le sentiment d'insécurité, la colère et la dépression. Identifiez les parties de votre faux moi qui vous retiennent, puis appuyez-vous sur Christ. Donnez-lui la liberté de faire son œuvre en vous, en pratiquant les disciplines spirituelles.

Dieu est toujours à l'œuvre. Il ne s'arrêtera que lorsqu'il aura libéré en vous tout ce qu'il a prévu pour vous. Faites votre part dans ce travail. Pardonnez. Cherchez Dieu dans la solitude et la communauté. Abandonnez-vous à l'Esprit de Dieu. Donnez-lui carte blanche. « Et j'en suis fermement persuadé, celui qui a commencé en vous son œuvre bonne la poursuivra jusqu'à son avènement au jour de Jésus-Christ. »[15]

*Définissez-vous comme quelqu'un qui est
radicalement aimé de Dieu.
C'est votre vrai moi, toute autre identité
est une illusion.*

— BRENNAN MANNING

NOTES

CHAPITRE 1
CACHER QUI VOUS ÊTES VRAIMENT

1. 2 Corinthiens 5:17

CHAPITRE 2
LE TRIANGLE DE LA SOUFFRANCE

1. Allen, David F. *Contemplation: Intimacy in a Distant World*. Mclean, VA: Curtain Call Productions, LLC. 2004

2. Genèse 2:25, Bible Le Semeur 2015

3. Genèse 3:7

4. Brown, Brene. *Daring Greatly: How the Courage to Be Vulnerable Transforms the Way We Live, Love, Parent, and Lead*. New York: Avery. (2012)

5. Proverbes 20:5

CHAPITRE 3
LE DON DE LA COLÈRE

1. Conversation par email avec Dr. Curt Elliott, Docteur en China, April 25, 2016

2. Genèse 4:5-7

3. Ephésiens 4:26"The Effects of Anger on the Brain and Body. National Forum Journal of Counseling and Addiction." Vol. 2, No. 1, 2013. http://www.nationalforum.com/Electronic%20Journal%20Volumes/Hendricks,%20LaVelle%20The%20Effects%20of%20Anger%20on%20the%20Brain%20and%20Body%20NFJCA%20V2%20N1%202013.pdf

4. Adapté de Allen, David F. *Contemplation: Intimacy in a Distant World*. Mclean, VA: Curtain Call Productions, LLC. 2004.

5. Jacques 1:19

CHAPTER 4
INTERPRÉTATIONS, DISCUSSIONS ET VOTRE FAMILLE

1. Duhigg, Charles. *The Power of Habit: Why We Do What We Do In Life and Business*. New York: Random House. 2012, 2014. Kindle Version.

2. Ibid., location 124

3. McManus, Erwin. *The Artisan Soul: Crafting Your Life Into a Work of Art*. New York, Harper One. 2014 p73

4. 2 Rois 21:9

5. 2 Rois 23:16

6. Genèse 50:20

CHAPTER 5
L'ART DE LA GUERRE

1. "What Kind of Game is China Playing" par Keith Johnson, The Wall Street Journal Online, June 11, 2011, Accessed April 15, 2016 http://www.wsj.com/articles/SB10001424052702304259304576374013537436924

2. Romains 7:15, 18

3. 2 Corinthiens 12:7-9

4. Foster, Richard. *Celebration of Discipline*. London: Hodder and Stoughton. 1989

5. Ephésiens 6:12

6. Marc 7:20- 23

7. Marx, K. 1976. Introduction de *A Contribution to the Critique of Hegel's Philosophy of Right*. Collected Works, v. 3. New York. Cité dans https://en.wikipedia.org/wiki/Opium_of_the_people#-cite_note-2

8. Matthieu 26:52

9. Foster, Richard. *Celebration of*

Discipline. London: Hodder and Stoughton. 1989

10. 1 Thessaloniciens 5:23

11. Pour élargir votre compréhension, je recommande *L'homme spirituel* de Watchman Nee

12. Tournier, Paul. *The Strong and the Weak*. English Version. Philadelphia: The Westminster Press. 1963. p34

13. Ephésiens 2:4-5

14. Romains 5:1

15. 1 Jean 3:1-3

16. Welch, Edward T. *Shame Interrupted: How God Lifts the Pain of Worthlessness and Rejection*. New Growth Press. 2012. ebook.

17. Exode 16:3

18. Lewis, C.S. *The Screwtape Letters, Screwtape Proposes a Toast*. London: Geoffrey Bles: The Centenary Press

19. Galates 5:22-23

20. Philippiens 2:12

21. Lewis, C.S. *Mere Christianity*. New York: MacMillan Pub. Co.. 1952

22. Willard, Dallas. *The Spirit of the Disciplines: Understanding How God Changes Lives*. New York: Harper Collins Publishers. 1990

23. Chesterton, G.K. pris à partir de "Thoughts" https://www.chesterton.org/

24. Psaumes 103:2

25. Philippiens 1:6

CHAPITRE 6
LA PUISSANCE DU PARDON

1. Proverbes 4:23

2. "Forgive and Forget" by Tom Valeo. http://www.webmd.com/mental-health/features/forgive-forget Accessed July 12, 2016

3. Worthington, Everett. Professeur de psychologie à Virginia Commonwealth University et auteur de *Forgiveness and Reconciliation: Theory and Applications*. Cité dans https://www.psychologytoday.com/blog/the-squeaky-wheel/201306/the-seven-hidden-dangers-brooding-and-ruminating

4. Luc 22:42

5. Hébreux 5:8

6. Luc 10:37

7. Matthieu 18:21-35

8. Mandela, Nelson. *Long Walk to Freedom: The Autobiography of Nelson Mandela*. New York: Little, Brown, and Company. 2008

9. Luc 23:34

CHAPITRE 7
LA FORCE DANS LA SOLITUDE

1. Ericsson, Anders et Pool, Robert. *Peak: Secrets from the New Science of Expertise*. New York: Houghton Mifflin Harcourt Publishing Company. 2016

2. This is Your Brain on Silence. Nautilus Magazine. Daniel Gross. July 7, 2016

3. 1 Rois 19:12

4. Daniel 5:25, Matthieu 17:5

5. Foster, Richard. *Celebration of Discipline*. London: Hodder and Stoughton. 1989

6. Philippians 4:6

7. Foster, Richard. *Celebration of Discipline*. London: Hodder and Stoughton. 1989

8. Psaumes 1:2-3

9. Psaumes 23:6, Romains 8:37, 2 Corinthiens 2:14, Philippiens 4:19, 2 Corinthiens 5:21

10. Esaïe 40:8

11. 1 Samuel 30:16, Psaumes 43:5

12. 2 Samuel 6:22

13. Psaumes 51:6

14. Psaumes 139.23

15. Hébreux 4:12

16. Hébreux 12:1

17. Buechner, Frederick. *Now and Then: A Memoir of Vocation*. New York: HarperCollins Publishers. 1983.

18. Matthieu 6:4, 18

19. Matthieu 8:34

CHAPITRE 8
LA VIE EN COMMUNAUTÉ

1. Matthieu 22:37-39

2. 1 Jean 4:20

3. Bonhoeffer, Dietrich. *Life Together: The Classic Exploration of Christian Community*. New York: Harper Collins. 1954

4. Achor, Shawn cité par Barker, Eric. *Barking Up the Wrong Tree: The Surprising Science Behind Why Everything You Know About Success is (Mostly) Wrong*. New York: Harper One. 2017

5. Ecclésiastes 4:9-10

6. Proverbes 27:6

7. Romains 12:5

8. Hébreux 10:25

9. Lewis, C.S. *God in Dock* "Answers to questions on Christianity." Grand Rapids: Eerdmans. 1970, p.61-62

10. 1 Corinthiens 13:12

11. Jacques 5:16

12. Warren, Rick. Article: "When We Confess We Begin to Heal." http://rickwarren.org/devotional/english/when-we-confess-we-begin-to-heal Accessed 1/19/2016

13. Proverbes 4:18

14. 1 Samuel 7:12

15. Philippiens 1:6

Egalement de l'auteur
Joël Malm

Vous avez un rêve dans votre cœur et ne savez pas par quoi commencer ?

Je vous conseille *Vision Map*. Un livre plein de sagesse pratique et d'actions à entreprendre pour que vous puissiez vous propulser dans le rêve que Dieu a mis dans votre cœur.

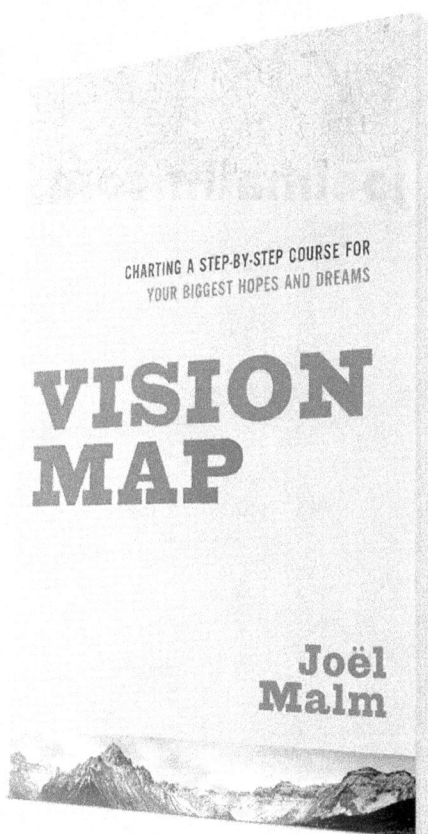

joelmalm.com

Egalement de l'auteur
Joël Malm

Vous avez un rêve dans votre cœur et ne savez pas par quoi commencer ?

Je vous conseille *Vision Map*. Un livre plein de sagesse pratique et d'actions à entreprendre pour que vous puissiez vous propulser dans le rêve que Dieu a mis dans votre cœur.

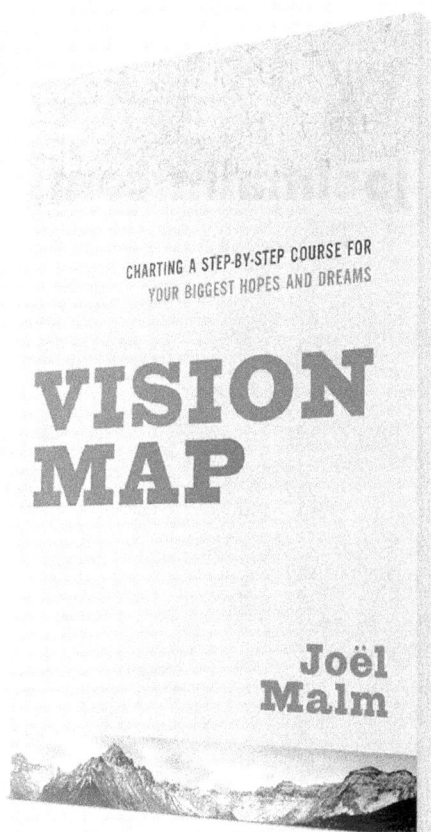

CHARTING A STEP-BY-STEP COURSE FOR
YOUR BIGGEST HOPES AND DREAMS

VISION MAP

Joël Malm

joelmalm.com